Roger Benjamin

Notion de personne et personnalisme chrétien

Mouton

NOTION DE PERSONNE ET PERSONNALISME CHRETIEN

ROGER BENJAMIN
docteur ès lettres

Notion de personne
et
personnalisme chrétien

PARIS - MOUTON - LA HAYE

Cet ouvrage a été publié avec le concours de la Fondation pour la Recherche Sociale.

Publication de Mouton Editeur

Herderstraat 5
La Haye

7, rue Dupuytren
Paris 6ᵉ

Diffusion en France par la Librairie Maloine S.A. Editeur

Librairie Maloine S.A.
8, rue Dupuytren
Paris 6ᵉ

Librairie de la Nouvelle Faculté
30, rue des Saints-Pères
Paris 7ᵉ

© 1971, Mouton & Cº
Imprimé en France

A mes parents
A ma femme

Introduction

Ce travail est né d'une double interrogation et d'une rencontre. La première interrogation s'est imposée à nous à la suite de méditations sur le prologue de l'évangile de saint Jean : que suis-je *moi* en face de ce Verbe par qui tout a été fait ? L'idéal de la vie religieuse semble être la réalisation en nous d'une vie divine. Comment s'opère cette transformation ? Est-ce par une intellection aboutissant à une extase et supposant une indentification à l'être même de Dieu et une élimination préalable de tout contenu proprement individuel ? N'est-ce pas plutôt par une participation à la vie de Dieu, qui se communique à nous et nous transforme intégralement, mais en laissant subsister notre être propre. En ce cas, que suis-je, *moi* ? Ou plutôt qui suis-je ? Où commence et où finit ma personne, quelles en sont les limites ?

S'il est vrai, pour reprendre la distinction rendue célèbre par Gabriel Marcel, que « le problème est quelque chose que l'on rencontre, qui barre la route... tout entier devant moi », alors qu'à l'inverse « le mystère est quelque chose où je me trouve engagé, dont l'essence est par conséquent de n'être pas tout entier devant moi »[1], nous nous trouvions là en présence non d'un mystère, mais d'un véritable problème.

Je dépends absolument et radicalement de Dieu, mais ne puis-je en même temps me poser comme un être autonome ? Dans une certaine mesure c'est ce qu'a tenté de faire Descartes. Refusant l'absorption en Dieu, il a recours au dogme de la Toute-Puissance divine pour sauver son être propre. Grâce à ce dogme, comme l'a bien montré le père Laberthonnière[2], il parvient à poser l'homme comme une individualité nettement séparée. Concevant la puissance divine comme infinie et la sienne comme finie ou tout au plus indéfinie, Descartes estime que les desseins de Dieu lui échappant totalement, il a sa fin en lui même et qu'il lui revient de la réaliser, Dieu pouvant par ailleurs faire de lui tout ce qu'il veut.

Cette référence à Descartes montre bien que notre interrogation n'était pas spécifiquement d'ordre religieux. C'est la manière dont un croyant peut se poser une question que beaucoup de philosophes se sont posée en d'autres termes.

Nombreux sont ceux qui ont cherché à expliquer l'homme et les choses par leurs rapports avec l'Absolu. Pour Platon, la sagesse suprême réside en la conaissance de l'être, c'est-à-dire dans la contemplation des idées, en particulier de celle qui se trouve au-dessus de toutes les autres, l'idée du Bien, autre nom de Dieu. Pour Aristote, l'être de l'homme se conçoit par référence à un Absolu simple, l'Acte pur, avec qui le sage peut s'identifier, en de très rares moments, il est vrai. Pour d'autres philosophes, Spinoza et Hegel, par exemple, l'ensemble des êtres existant dans le monde sont en quelque sorte des modes, des moments d'une unité essentielle et primordiale. Il est inutile de multiplier les exemples.

Le chrétien qui philosophe, est, lui, tout naturellement amené à se mettre en présence d'une Personne, non d'un Ordre ou d'un Absolu, et même à parler du Verbe et de son Incarnation dans le monde.

Mais n'est-il pas vain de prendre en considération une telle interrogation et de se placer sur le terrain philosophique ? La philosophie, même si elle est l'œuvre de chrétiens, ne peut pas devenir un élément d'une doctrine du salut. La religion ne dispense-t-elle pas de philosopher ?

C'est là notre seconde interrogation. Elle porte sur le sens même et l'importance de la réflexion philosophique. Tout chrétien est poussé à se la formuler, dès l'instant qu'il philosophe : si la Révélation nous apporte la lumière et nous introduit à la Vérité, à quoi nous servent nos longues réflexions sur les problèmes qui ont préoccupé Platon ou Descartes, sur les thèmes qui sont au centre des débats philosophiques contemporains ?

« Prenez garde qu'il ne se trouve quelqu'un pour vous réduire en esclavage par le vain leurre de la « philosophie », selon une tradition tout humaine, selon les éléments du monde, et non selon le Christ »[3], conseille saint Paul aux Colossiens. Les chrétiens, adversaires de la philosophie ne se sont pas privés de le répéter et de reprendre le pasage célèbre de la première épître aux Corinthiens où l'apôtre oppose la sagesse des hommes qui n'est que folie, à la folie de Dieu qui est en réalité la vraie Sagesse[4].

De fait le rejet de toute réflexion philosophique n'a été prononcé au cours des siècles que par un très petit nombre de chrétiens, par exemple par saint Pierre Damien et saint Bernard aux 11e et 12e siècles, par Luther et Calvin plus tard. La philosophie médiévale est la négation même de cette attitude outrancière. De saint Justin aux philosophes chrétiens contemporains, il serait aisé de dresser une longue liste de penseurs qui, se laissant guider par leur foi, ont cherché à découvrir un certain nombre de vérités *rationnelles*.

S'ils n'ont cependant jamais pensé qu'il fallait faire taire la raison, la plupart d'entre eux ont tiré leurs plus grandes joies de la prière et de la contemplation des choses divines, non des constructions métaphysiques. Il suffit de penser à saint Augustin, à Pascal et même à saint Thomas. C'est pourtant là le fond et l'essentiel de la question. On peut s'interroger sur la possibilité pour un chrétien d'être philosophe ; mais même en admettant cette possibilité vaut-il la peine de philosopher ?

Sur la possibilité pour un chrétien d'être philosophe l'on a beaucoup discuté. Dans le débat qui, au cours des années 30, a tourné autour de ce thème, Etienne Gilson nous semble avoir défendu la position la plus valable et montré admirablement le caractère non contradictoire de cette notion de philosophie chrétienne [5]. Avec le rationaliste, il reconnaît volontiers qu'il serait absurde de prétendre déduire rationnellement la philosophie de la foi. Mais qui a procédé de la sorte ? Ce qui est vrai, c'est que les philosophes chrétiens considèrent la révélation judéo-chrétienne comme un auxiliaire et un guide. Il faut bien distinguer la religion de la philosophie et la raison de la foi ; mais religion, philosophie, raison et foi sont des concepts, et, comme tous les concepts, ils n'ont aucune existence réelle ; ce qui existe, ce sont des hommes, croyants, incroyants, philosophes ou philosophes et croyants. Le plan théorique importe donc moins que celui des conditions de fait dans lesquelles s'exerce la raison. Le philosophe chrétien ne dispose pas d'une raison d'une nature différente de celle des autres philosophes, mais sa raison s'exerce dans d'autres conditions. Il faut reconnaître qu'en lui le rationnel voisine avec des éléments non rationnels. Mais, demande Gilson, existe-t-il un « philosophe pur, réalisation concrète d'un concept unique ? » [6].

D'autres historiens et penseurs chrétiens développent des idées analogues. Les thèmes principaux de la philosophie antique qui sont présentés comme le fruit de la pure réflexion et opposés au christianisme considéré, lui, comme l'expression de l'irrationnel, ne sont pas en réalité exclusivement rationnels. Si l'on cherche à mettre en relief les notions fondamentales qui commandent la métaphysique grecque et en assurent l'intelligibilité, on s'aperçoit qu'elles sont souvent d'origine religieuse et mystique. Le pessimisme qui s'en dégage, le dualisme qui lui est inhérent et nombre d'autres éléments sont certes propres aux philosophes qui leur ont donné forme et consistance et les ont intégrés dans un système cohérent mais ils ne le sont que parce qu'ils les ont rendus tels. La profonde originalité du platonisme, par exemple, ne peut être contestée, mais l'élan qui l'anime se révèle d'origine religieuse. Certains aspects de la doctrine, relatifs par exemple au temps, à l'existence corporelle, n'ont-ils pas leur source dans l'orphisme ? Ainsi cette philosophie classique tire-t-elle une grande partie de sa substance d'une réalité extra-rationnelle. Cela, les historiens qui défendent la thèse de l'existence d'une philosophie chrétienne ne sont pas les seuls à l'affirmer. En effet, Pierre Maxime Schuhl n'a-t-il pas établi de manière incontestable la liaison qui existe entre la religion et la philosophie grecques et montré la continuité entre la pensée de Platon et une certaine tradition mystique [7] ?

Le philosophe chrétien ne fait, ni ne peut faire, abstraction de sa foi. Tout son effort tend à transformer en vérités sûres, un certain nombre de vérités auxquelles il croit ou à capter, dans la révélation, des lumières lui permettant de découvrir des vérités naturelles et d'expliquer ce qui se situe sur ce plan de la nature. Comme l'écrit Gilson, pour qu'une philosophie mérite le titre de philosophie chrétienne, « il faut que le surnaturel descende, à titre d'élément constitutif, non dans sa texture, ce qui serait contradictoire, mais dans l'œuvre de sa constitution »[8]. On peut donc appeler philosophie chrétienne « toute philosophie qui, bien que distinguant formellement les deux ordres, considère la révélation chrétienne comme un auxiliaire indispensable de la raison »[9].

Qu'il soit possible à un chrétien d'être philosophe, cela est clair. Et effectivement il a existé des philosophes chrétiens dont les œuvres ne sont nullement faites de lambeaux de platonisme ou de fragments de l'aristolélisme. A la notion de philosophie chrétienne correspond une réalité historique ; tous les travaux de Gilson tendent à le montrer et à mettre en relief sa profonde originalité. Malgré la texture parfois rationnelle des systèmes, la marque de l'influence exercée par la foi sur la pensée des philosophes chrétiens demeure manifeste.

La question se pose malgré tout de savoir si ces systèmes valaient la peine d'être élaborés. On comprend aisément qu'un non-croyant se préoccupe de déterminer la raison qui se trouve dans les choses et dans l'univers ou se mette en quête d'une vérité lui permettant de se diriger dans la vie. On peut même penser que la réflexion philosophique, si elle est bien conduite, frayera la voie à la foi et inclinera à recevoir la révélation. Mais pour le chrétien qui pense être mis par sa foi en présence des plus grandes vérités, à quoi sert-il de philosopher ? Quel rôle peut-on assigner à la philosophie ?

« En appliquant la sagacité de l'esprit à réfuter les opinions contraires à la foi et à prouver celles qui s'y rattachent, on exerce sa raison avec autant de dignité que de profit »[10]. Ainsi s'exprime le pape Léon XIII dans l'encyclique *Æterni Patris*, consacrée à cette importante question du rôle de la philosophie. Le philosophe chrétien est donc invité à défendre la foi et la révélation contre les

Introduction 5

attaques de la raison et de la philosophie, à opposer arguments rationnels à arguments rationnels. En présence des mystères de la foi la raison humaine se fera, en outre, humble et acceptera d'être une servante : la grâce accroîtra ses forces et la rendra apte à de grandes spéculations.

A ce rôle imparti à la philosophie par Léon XIII s'en ajoute un autre qui, au fond, lui est complémentaire et qui, logiquement, doit être tenu le premier, c'est celui que lui assigne Maurice Blondel. Pour qu'il soit clair et évident pour tous que l'appel divin n'est pas une intrusion inexplicable dans notre vie, pour instaurer un dialogue avec tous les esprits qui se refusent à prendre en considération la doctrine chrétienne, la jugeant trop extrinsèque et arbitraire, il n'y a, pour Blondel, qu'un recours : scruter la vie concrète de l'homme. Un examen attentif de cette réalité fait découvrir que « l'homme ne se met pas en équation avec lui-même »[11]. Inachevé et inachevable, il ne trouve pas dans la nature de quoi satisfaire pleinement ses besoins, aucune de ses actions ne peut suffire à le combler. C'est que le fini est incommensurable à notre destinée. Toute spéculation rationnelle portant sur notre vie aboutit à la reconnaissance de notre indigence et de notre profond besoin d'infini. Seule une analyse de l'immanence peut fonder la réalité d'un transcendant ; seule une réflexion sur la nature rendra nécessaire la révélation du surnaturel et portera à le désirer.

Une double voie est ainsi offerte au philosophe chrétien. Nous pensons cependant qu'il n'est pas possible d'être indéfiniment blondélien. Le projet philosophique de Blondel semble être une sorte de propédeutique nécessaire, une démarche préalable qui rend plus solides les bases de l'édifice que le pape Léon XIII nous invite à construire et dont Gilson, dans ses œuvres historiques, a entrepris la description. Partant de la réalité du monde, Blondel en montre l'insuffisance, sinon le vide, et nous mène devant le mystère du surnaturel. Sa critique nous semble fondée, mais peut-elle être sans cesse reprise ?

Ce n'est d'ailleurs pas ce qu'a fait Blondel dans l'œuvre importante qu'il a réalisée. Dans *La Philosophie et l'esprit chrétien*[12], ce sont les mystères mêmes du christianisme qu'il étudie, montrant comment ils demeurent une source vive de lumière pour la raison. S'appliquant au donné religieux, sa pensée reste celle d'un philosophe non d'un théologien et manifeste une force apologétique difficile à égaler. Mais le surnaturel une fois accepté, le philosophe chrétien ne retrouve-t-il pas le rôle que lui assigne l'encyclique *Æterni Patris*. Doit-il l'accepter ?

Cela semble bien inévitable. Si la vérité, en effet, peut être connue dès maintenant, si la vraie sagesse tout de suite nous est offerte, quel autre usage pouvons-nous faire de notre raison, si ce n'est de l'amener à défendre, sur le plan qui est le sien, l'authenticité de cette vérité et la grandeur de cette sagesse. La religion, en définitive, dispense de philosopher si la philosophie veut être autre chose que la servante de la théologie. Si le philosophe ne se sent pas une vocation particulière pour tenir ce rôle, la voie du silence n'est-elle pas la seule qui lui reste ? Silence qui peut être dépit ou au contraire attitude de recueillement, recherche de communion avec l'ineffable, silence analogue à celui dont parle Jean Wahl à la fin de son *Traité de métaphysique* [13], silence d'extase, qui pour un chrétien signifie rencontre avec le mystérieux, le surnaturel, le Verbe incarné, Dieu.

Nos deux interrogations sont restées longtemps en suspens, jusqu'au jour où, au hasard des lectures, nous avons fait connaissance avec le *personnalisme*. Avec Emmanuel Mounier d'abord, puis avec Paul Louis Landsberg et les divers philosophes qui ont collaboré ou collaborent actuellement à la revue *Esprit*.

La notion de philosophie chrétienne, la conception même que nous nous faisions de la philosophie se sont trouvé radicalement transformées [14]. La problématique classique à laquelle nous étions habitué jusqu'alors faisait place à une autre, axée essentiellement sur l'homme. De plus, la réflexion théorique se raccordait à une *praxis*, la connaissance rejoignait l'action. Les philosophes personnalistes semblaient faire leur la célèbre phrase de Karl Marx : « Les philosophes ont simplement interprété le monde de façon différente ; il s'agit de *le modifier* » [15]. A eux également il paraissait vain de se contenter d'émettre des idées qui s'opposeraient à d'autres idées mais ne contribueraient pas à transformer la réalité. Ils cherchaient de préférence à se situer à l'intérieur d'un conflit de forces afin de provoquer une modification positive de la société.

Sur le plan théorique, rechercher la vérité sur l'homme, sur le plan pratique, œuvrer dans le monde pour permettre un complet épanouissement de tous, voilà une nouvelle voie qui s'offrait au philosophe. Il n'était dès lors plus nécessaire pour un chrétien de devenir le serviteur de la théologie ou de se taire. Alors que la religion semblait auparavant dispenser de philosopher, dans cette nouvelle perspective c'est la religion elle-même qui invitait à une réflexion philosophique. Comme l'écrivait Emmanuel Mounier [16], « le philosophe chrétien, dans une démarche continue, quoique sur des plans différents, donne une main au saint, et l'autre au politique ». [17]

La philosophie donc ne se subordonne ni ne s'oppose à la théologie. Si les personnalistes font appel à leur raison, c'est pour découvrir non des vérités qu'ils pourraient aussi bien trouver par la foi seule, mais des vérités complémentaires. En tant que philosophe, le chrétien peut concevoir un projet qui ne soit pas

Introduction 7

vain et qui ne porte nul ombrage au théologien. Volontiers il abandonne à ce dernier tout le donné révélé pour s'attacher à ce qui touche essentiellement à l'homme. Il peut quand même entrer en conflit avec lui : l'homme a des rapports avec Dieu, et le philosophe cherchera à s'étendre au-delà de son domaine. Les possibilités de heurt sont cependant réduites ; la philosophie a son propre champ de connaissances : l'homme, le sens de son existence, les conditions de son épanouissement, c'est-à-dire la personne et son destin.

Nous paraissons ainsi limiter considérablement le champ de la réflexion philosophique. Mais au fond, sans être spinoziste, ne peut-on assez valablement soutenir que l'Éthique est toute la philosophie. Il convient cependant d'ajouter que la philosophie doit par ailleurs procéder à un examen attentif de la raison scientifique, qu'elle ne peut se désintéresser des découvertes de l'esprit humain et qu'il lui faut poser la question de leur sens.

Qui suis-je ? Qu'est-il ce moi en face du Verbe par qui tout à été fait ? A la lumière de ce qui vient d'être exprimé sur la nature de la démarche philosophique, il est évident que c'est sur le *je* et le *moi* que doit être mis l'accent, non sur le Verbe. Notre travail sera une réflexion sur la personne, non sur les rapports de l'homme avec Dieu. L'Absolu ne nous intéressera que dans la mesure où c'est par lui que la personne acquiert toute sa consistance et touche à la plénitude.

En réalité notre question se ramène à celle que l'homme n'a jamais cessé de se poser : « Quest-ce que l'homme ? ». La réponse des personnalistes peut se résumer en un mot : il est une *personne*. Mais qu'est-ce qu'une personne ?

Comme il ne s'agit pas de faire œuvre littéraire et de chercher un dévoilement à soi de son être propre, l'intérêt ne peut se concentrer autour du contenu concret du *moi*, né en..., ayant jusqu'ici vécu en tel et tel lieu, assumé tel et tel engagement. La philosophie est exigence d'universel. Les notions compréhensives nécessaires pour cerner dans sa totalité la réalité en question et les notions précises qui permettront d'en saisir les différents éléments, dépassent la minuscule personne d'un homme : elles doivent découvrir l'homme.

Toutes ces notions ont été mises en lumière par les philosophes personnalistes, par ceux qui sont déjà morts aussi bien que par tous ceux qui actuellement poursuivent dans la même direction leur travail de réflexion. Des aspects différents de la notion de personne ont été analysés par les uns et les autres. Notre étude tendra à être autre chose que la simple recherche d'un dénominateur commun à tous. Ce ne sera pas non plus une méditation philosophique ni une tentative pour déterminer des dimensions métaphysiques de la personne.

Nous entreprenons en quelque sorte une mise en ordre ; nous visons simplement à présenter une *définition de la personne*. Par la suite seulement il nous sera, nous l'espérons, possible de tenter un approfondissement philosophique. Un sous-titre s'imposait peut-être pour bien marquer les limites de ce travail, qui constitue en fait une introduction à une philosophie de la personne.

Notre exposé sera à la fois descriptif et critique. Descriptif, car il s'agira de présenter et de mettre en relief les divers éléments de la notion de personne, psychologiques et sociologiques, éthiques et spirituels ; critique car il faudra, sur le plan théorique, indiquer nettement ce que cette notion de personne ajoute à la simple notion d'homme, en quoi elle se distingue vraiment de la notion d'individu à laquelle elle est si souvent opposée et, sur le plan historique, montrer comment toutes les caractéristiques de la notion de personne, signalées par les philosophes personnalistes, font d'elle une notion profondément originale et du personnalisme contemporain une doctrine bien particulière et distincte d'autres philosophies classiques connues ou considérées également comme personnalistes. Il ne s'agira par pour autant de déterminer avec précision ce qu'est le personnalisme chrétien contemporain et de le démarquer d'autres formes actuelles de personnalisme ou d'autres courants philosophiques modernes dont il se rapproche ou se distingue, le marxisme et l'existentialisme, par exemple.

Pour atteindre notre but, définir la notion de personne, nous nous appuierons très souvent sur les écrits d'un certain nombre de philosophes : Jean Lacroix, Paul-Louis Landsberg, Gabriel Madinier, Emmanuel Mounier, et Paul Ricœur. Nous avouons que notre choix comporte une certaine part d'arbitraire. Comme on l'a parfois dit et comme l'a bien montré Jean Lestavel,[18] il existe de multiples personnalismes. Mais avec cet auteur, il faut reconnaître que, malgré la diversité des traditions auxquelles se rattachent des philosophes comme Lacroix, Landsberg, Mounier et Ricœur, une certaine parenté existe entre leur pensée. Une affinité personnelle pour la philosophie de Madinier également nous a porté à le rattacher à ce groupe. Quant à Nicolas Berdiaeff qui nous a, un moment, assez fortement attiré, nous ferons parfois référence à lui, mais sa pensée se dressera plutôt en face de nous comme une borne à ne pas atteindre.

La méthode que nous avons suivie paraîtra peut-être ambiguë. Elle résulte en fait du caractère vital de notre interrogation. Nous avons voulu nous insérer dans un courant de pensée préexistant tout en ménageant des possibilités d'approfondissement et d'élargissement personnels. Si bien qu'au lieu de nous en tenir stric-

Introduction

tement à l'enquête historique, avec tout l'appareil exégétique requis en pareil cas, notre démarche oscille entre le recours explicatif aux textes des philosophes personnalistes que nous avons choisis comme guides et les tentatives d'élucidation personnelle.

Il nous sera peut-être fait le reproche de n'avoir pas suffisamment insisté sur certains aspects du personnalisme contemporain. En particulier nous risquons de paraître négliger l'apport proprement existentiel d'un philosophe comme Mounier. Si nous avions choisi d'analyser une autre notion, celle d'engagement, par exemple, il en aurait été tout autrement. Une réflexion sur la notion de personne conduit tout naturellement à privilégier certains thèmes.

Ajoutons enfin que derrière notre exposé sera présente cette idée que le *personnalisme*, à travers la pensée des différents philosophes qui s'y rattachent, constitue en quelque sorte le deuxième chapitre de cette œuvre qui suscite sans doute nombre de controverses, mais ne manque pas de réalité et surtout de vie, de cette œuvre qui, entreprise au lendemain même de la naissance du christianisme, continuera d'être élaborée aussi longtemps qu'il subsistera des chrétiens et que l'aventure philosophique tentera les hommes, et qui s'appelle la *philosophie chrétienne*.

NOTES DE L'INTRODUCTION

1. G. Marcel, *Etre et avoir*, Paris, 1935, p. 145.
2. *Œuvres* de Laberthonnière, publiées par les soins de Louis Canet : *Etudes de philosophie cartésienne et premiers écrits philosophiques*, Paris 1937.
3. Saint Paul, Epître aux Colossiens 11, 8. *La Sainte Bible* traduite en français sous la direction de l'Ecole Biblique de Jérusalem, Paris, Les Editions du Cerf, 1956.
4. Saint Paul, Premiere Epître aux Corinthiens 1, 19-25.
5. Nous ne pouvons pas entrer dans le détail de toutes les discussions qui ont eu lieu sur ce thème. Nous renvoyons tout spécialement à l'ouvrage de A. Renard : *La Querelle sur la possibilité de la philosophie chrétienne,* Paris, 1941, où l'on trouvera une bibliographie du sujet et à celui de M. Nédoncelle, *Existe-t-il une philosophie chrétienne ?* Paris, 1956.
6. *Bulletin de la société française de philosophie*, séance du 21 mars 1931, p. 47.
7. P.M. Schuhl, *Essai sur la formation de la pensée grecque*, Paris, 1934, 2ᵉ éd., 1949.
8. E. Gilson, *L'Esprit de la philosophie médiévale*, Paris, 1944, p. 32-33.
9. *Ibid.*
10. Léon XIII, *Æterni Patris*, in *Lettres apostoliques* de S.S. Léon XIII, t. I, p. 55, Paris, 1893.
11. M. Blondel, *Le Problème de la philosophie catholique*, Cahiers de la nouvelle journée, n° 20, Paris, 1932, p. 16.
12. M. Blondel, *La Philosophie et l'esprit chrétien*, Paris, t. I, 1944, t. II, 1946..
13. Paris, 1953, p. 722.
14. Le problème de la philosophie chrétienne a été renouvelé par l'ensemble des philosophies modernes de l'existence. *Cf.* P. Ricœur, « Le renouvellement du problème de la philosophie chrétienne par les philosophes de l'existence », in *Le Problème de la philosophie chrétienne*, Paris, 1949, p. 43-67. Mais nous avons d'abord fait connaissance avec le personnalisme et c'est lui qui nous a amené à nous intéresser aux autres philosophies de l'existence.
15. K. Marx, « Thèses sur Feuerbach », in K. Marx, *Œuvres philosophiques*, traduction Molitor, Paris, t. VI., 1937, p. 144.
16. Nos références aux écrits de Mounier renverront toujours aux quatre volumes de ses œuvres, parus aux Ed. du Seuil, Paris 1961-1963.
17. « Responsabilité de la pensée chrétienne », texte écrit pendant l'hiver 1939-1940 pour un ouvrage collectif, resté inédit par suite de la guerre, et publié dans *Feu la Chrétienté*, œuvres, t. III, p. 592. Mounier prend volontiers parti pour Gilson dans le débat concernant la notion de philosophie chrétienne et approuve la façon dont il pose le problème et le résoud théoriquement. Mais sa problématique diffère de celle qui a la sympathie de Gilson.
18. J. Lestavel, *Introduction aux personnalismes*, Paris, 1961.

CHAPITRE I

La personne : définitions et histoire du mot

Malgré la position centrale qu'elle tend à occuper dans certains secteurs de la pensée contemporaine, la notion de personne manque de clarté. L'éclairer, déterminer à quelles conditions elle est susceptible de recevoir de nouvelles précisions, c'est en quelque sorte ce que nous nous proposons de faire dans ce chapitre.

1. L'idée et le mot

L'humanité a déjà une longue histoire, mais l'idée de personne n'est pas aussi vieille que l'homme. Celui-ci a toujours eu, sans doute, un certain sens de son être propre, de sa singularité et même de son individualité spirituelle, sans pour autant s'en être fait, dès l'origine, une idée bien nette.

Rechercher les raisons de ce fait nous entraînerait trop loin de notre sujet. Contentons-nous de signaler les travaux de J. Murphy,[1] qui nous offrent des aperçus intéressants sur le problème. Dans les sociétés archaïques, les structures tribales, les coutumes et les croyances religieuses empêchent tout développement réel de l'individu. Par contre l'évolution démographique, le phénomène urbain, la désuétude où tombent de nombreuses coutumes, le développement de la technique, les modifications dans les structures économiques et sociales, l'évolution des croyances religieuses sont autant de facteurs qui permettent à l'individu d'émerger, de devenir un être autonome et conscient de sa singularité.

De son côté, Emile Durkheim a montré dans son ouvrage, *De la division du travail social*,[2] que le passage du stade de la « solidarité mécanique » à celui de la « solidarité organique » entraînait comme conséquence une certaine libération de l'individu au sein de la société. L'un de ses disciples et continuateurs, Célestin Bouglé,[3] pour expliquer comment l'individu arrive à prendre conscience de lui-même et à revendiquer son autonomie à l'intérieur des groupes sociaux, a présenté une solution qui nous semble avoir également une valeur historique. La participation à *plusieurs* groupes atténue la force de l'appartenance à *un* groupe. L'individu peut s'émanciper parce qu'il est placé au carrefour d'influences exercées sur lui par des groupes multiples. Leurs impérialismes divers s'annulent pour ainsi dire, car celui qui appartient à plusieurs groupes ne dépend plus exclusivement d'un seul. Le passage de la société archaïque à la société civilisée n'a-t-il pas entraîné des effets du même ordre ? Les sociétés devenant de plus en plus des ensembles complexes de groupes différenciés, l'individu a pu en quelque sorte profiter de leur entrecroisement pour se libérer.

Il resterait cependant à indiquer les conditions de cette libération, propres à l'individu lui-même et à déterminer les phases successives de ce processus de prise de conscience de son autonomie. Les travaux des psychologues montrant les divers stades par lesquels passe l'homme, ou plus précisément l'enfant, pour parvenir à construire la notion de sa propre individualité pourraient nous éclairer. Nous nous réservons de revenir sur ce problème plus tard.

L'idée de personne est donc relativement récente ; le mot, lui, est encore plus jeune. L'idée est apparue à des dates diverses dans des sociétés qui en ont pris peu à peu conscience, sans arriver dans la plupart des cas à lui donner un contenu précis. Née lentement, elle s'est développée progressivement. La croissance s'est faite, comme l'écrit Marcel Mauss,[4] « au cours de longs siècles et à travers de nombreuses vicissitudes, tellement qu'elle est encore, aujourd'hui même, flottante, délicate, précieuse, et à élaborer davantage »[5].

Même si les structures des sociétés archaïques ne favorisent pas son épanouissement, elle se profile néanmoins à l'horizon derrière la notion de personnage, de rôle joué par chacun dans la vie familiale et dans les drames sacrés. C'est à cette conclusion qu'est parvenu Mauss, à la suite d'une réflexion sur de très nombreux documents ethnographiques.

Elle semble présente dans les vieilles civilisations de l'Inde et de la Chine. Mais elle sera arrêtée dans son développement, dissoute, sous l'influence du bouddhisme, dès les derniers siècles qui précèdent notre ère.

Ses traces ont été décelées dans la pensée grecque archaïque. Elle s'y trouve à l'état d'ébauche, bien loin d'acquérir une détermination précise. Cependant la notion de l'âme-daimon qui s'édifie dans certaines sectes, en marge de la religion grecque officielle et des institutions de la cité, contribue comme l'a montré Jean-Pierre Vernant,[6] à faire prendre conscience de réalités spirituelles nouvelles, qui conduiront progressivent à cette idée de personne. Avec les stoïciens, son contenu doctrinal est assez bien fixé.

Le mot *prosopon*, lui, que nous traduisons par personne signifie à l'origine face ou visage et même aspect antérieur d'un objet et non pas personne, en tant qu'entité singulière et complète. Cette réalité est exprimée par d'autres termes, en particulier par σῶμα qui désigne l'être concret que nous sommes et qui garde ce sens malgré la conception platonicienne du σῶμα tombeau. C'est seulement plus tard que *prosopon* passera de son premier sens à celui de masque puis voudra, tour à tour, dire masque, personnage, rôle, acteur qui joue un rôle et en définitive approximativement homme.

De même à Rome, où la notion de personne prendra tournure avec le plus de vigueur, pendant longtemps le mot *caput* désigne mieux ce que nous appelons personne que *persona* qui signifie d'abord masque. L'histoire de ce terme n'est pas encore très bien établie. Nous n'entrerons pas dans le détail des discussions qui se sont déroulées entre spécialistes à son sujet. L'essai de bilan linguistique présenté par Maurice Nédoncelle nous a paru très convaincant, et ce sont les idées de ce dernier que nous reprenons. 7

Aucun critique moderne n'admet que le mot *persona* vienne de *personare* (résonner, faire retentir), comme l'affirmait Boèce, et rien ne porte à estimer qu'il découle de *prosopon*. Il est plutôt d'origine étrusque. C'est un nom propre devenu nom commun ou un adjectif devenu substantif. De même que « calepin » vient du nom d'un moine italien, Ambroise Calepino, « bristol » du nom d'une ville d'Angleterre, de même *persona* peut avoir pour origine *Persepona*, cette déesse que l'on fêtait en utilisant des masques. Mais une autre explication demeure possible. De même que les termes « logique » et « dialectique » (s. e. ἐπιστήμη), par exemple, ont été des adjectifs avant de s'employer substantivement, de même *persona* peut avoir été d'abord un adjectif (de *Phersu*, « phersonien ») accompagnant un nom féminin dont il aurait fini par prendre le sens et qui lui-même aurait signifié masque.

Quoi qu'il en soit, *persona* a cessé, à un certain moment, d'appartenir au vocabulaire religieux pour se laïciser et devenir un terme profane. Il signifiera masque de théâtre, puis personnage, rôle de comédie et de tragédie, personne au sens grammatical, personne figurée par l'acteur et enfin homme. Chez Cicéron il présente déjà tous les sens qui se préciseront par la suite. Il veut dire rôle en justice, personnage ou rôle social, réalité ou dignité collective, personnalité marquante ou constituée en dignité, personne juridique par opposition aux choses, mais aussi personnalité ou caractère concret d'un individu et même la nature humaine. 8

Ainsi passant du théâtre à la vie, l'élaboration juridique n'intervenant qu'après, le mot *persona*, peu avant notre ère, exprime plus fréquemment sinon mieux ou plus nettement que *prosopon*, l'idée d'individualité humaine. Il le fait d'une manière simple et empirique ;

ce n'est pas un terme « savant », comme le dit Nédoncelle. Il n'en signifie pas moins l'homme ; il remplace pour ainsi dire *homo*, qui, lui, tend à s'opposer à *mulier* et à se substituer à *vir*, au moment où ce terme semble en voie de disparition.

Au fond, si nous le prenons dans le sens principal que lui donne le langage courant, il faut reconnaître que de nos jours il ne signifie pas autre chose. Le *Littré* indique douze sens que le français moderne accorde au mot personne, mais le sens premier est tout simplement « un homme » ou « une femme ».

Cette signification générale se rencontre pour la première fois dans des écrits du 13e siècle. Mais alors que personne dérive directement de *persona* et que le mot latin signifiait déjà un homme ou une femme, le mot français n'a pas pris tout de suite cette acception. En effet, dans l'ancienne langue française, *personne* ou plus justement *persone* a voulu d'abord dire curé, recteur d'une paroisse, prieur, dignitaire ou bénéficier ecclésiastique.[9] Le texte le plus ancien où figure le mot date du 12e siècle :

La érent del pais li barum assemblé
Deien, acediacre, *persones* et abé

Par la suite, tout en gardant le sens général d' « homme ou femme » acquis au 13e siècle, il prendra diverses autres acceptions, caractéristiques d'une certaine orientation. Comme l'a montré Albert Bayet, ce mot, tout comme d'ailleurs ses voisins, *personnage* et *personnalité*, « sont constamment assaillis par l'idée qu'il n'y a "personne" que là où il y a un homme exerçant une fonction importante dans la Cité ou dans la Nation ».[10] Et de nos jours, dans le parler courant, le mot n'a-t-il pas parfois un sens laudatif, par opposition à individu qui serait péjoratif, et celui à qui il est appliqué n'est-il pas supposé investi d'une certaine dignité au moins morale ?

Le mot personne semble renfermer une réalité insaisissable. Signfiant un homme ou une femme, il ne recouvre pas une idée nette et paraît dépourvu de tout contenu conceptuel réel. Il colore ces termes d'une nuance particulière, mais l'idée de dignité qu'il leur ajoute parfois demeure bien imprécise. En quoi consiste-t-elle au juste ? On ne peut pas répondre à cette question par une simple analysc du langage courant. La notion de personne demeure incertaine et confuse.

2. La personne dans le christianisme traditionnel

Elle l'est beaucoup moins dans le langage philosophique sans être pour autant vraiment claire. Le mot personne possède un sens savant qui n'influence guère jusqu'à présent le sens courant. La philosophie en a hérité de la théologie. Nous ne reviendrons pas sur les très nombreuses controverses suscitées chez les théologiens par l'idée et le mot. En fait celui-ci acquiert son sens métaphysique à la suite de l'introduction du mot grec *hypostasis* dans les discussions. ¹¹

C'est d'ailleurs l'équivalence de personne et d'hypostase que pose Boèce dans sa célèbre formule : *la personne est la substance individuelle de nature raisonnable.* (*Persona est naturæ rationalis individua substantia*). Cette définition, que certains, tel Richard de Saint-Victor, ont cherché à corriger sans vouloir la rejeter, jugée satisfaisante par la plupart des philosophes du Moyen Age, exprime l'essentiel de la pensée chrétienne à ce sujet : la singularité, l'incommunicabilité et la dignité qui tient au fait d'être raisonnable, tels sont les principaux éléments constitutifs de la personne.

Saint Thomas justifie ainsi la définition de Boèce : «... De la même manière donc que le nom d'hypostase, selon les grecs, et celui de substance première, selon les latins, sont le nom spécial de l'individu dans le genre substance, ainsi celui de personne est le nom spécial de l'individu qui jouit d'une nature raisonnable. L'une et l'autre spécialité sont contenues dans ce mot *personne*. C'est pourquoi, afin de montrer qu'elle est un individu dans le genre substance, on dit que la personne est une *susbtance individuelle* ; pour montrer ensuite qu'elle jouit de l'intelligence, on ajoute de *nature raisonnable*. De cette manière, par le mot *substance*, on exclut de l'idée de personne les accidents dont aucun n'est une personne ; par le mot individu, on exclut de cette même idée les genres et les espèces qui ne peuvent non plus s'appeler personne ; enfin, en ajoutant de *nature raisonnable*, on exclut de cette idée les minéraux, les plantes, les brutes, toutes choses qui ne sont pas des personnes ».¹²

Mais cette justification de saint Thomas ne va pas sans de multiples précisions qui éclairent sa pensée et font de sa doctrine autre chose qu'un simple commentaire de la formule de Boèce. ¹³ Si la personne est une substance, il faut bien comprendre ce que cela signifie : elle n'est pas une essence, mais un suppôt, c'est-à-dire un sujet, « centre ultime d'attribution de tout sans être lui-même attribué à rien », comme l'écrit A. Malet dans son ouvrage, *Personne et Amour dans la théologie trinitaire de saint Thomas d'Aquin*. ¹⁴ Aussi cette substance doit-elle être appelée individuelle ou, ce qui pour saint Thomas revient au même, incommunicable : la personne n'est pas partie d'un tout, élément d'un ensemble, accident inhérent à une susbtance, l'humanité par exemple.

Quant au mot raisonnable, il faut l'entendre autrement que nous n'avons tendance à le faire maintenant. L'homme est un être raisonnable : doué d'intelligence, il s'affirme libre, maître de ses actes et par conséquent responsable. Raison est synonyme d'intelligence mais aussi de liberté et de responsabilité. La rationalité de l'homme constitue justement pour saint Thomas le principe même de sa liberté et, il faut insister là-dessus, le fondement de sa responsabilité.

En partie seulement, il faut également le préciser, car le fait d'être un suppôt ou un sujet fonde également notre responsabilité. C'est un point bien mis en évidence par Malet dans son commentaire de saint Thomas. Il insiste moins sur la rationalité que sur la singularité et l'incommunicabilité, mais il a, nous semble-t-il, raison d'écrire : « Dans le cas des suppôts raisonnables, c'est le fait d'être principes derniers d'attribution qui fonde le plus profondément leur responsabilité : je suis responsable parce que cause et source *ultimes* de mes actes : je réponds de ce que je suis, de ce que j'ai et de ce que je fais parce que je suis justement un *Je* qui est le principe dernier d'attribution de mon être, de mon avoir et de mon action. Je ne puis pas me « décharger » de ma responsabilité, parce que, sous le suppôt ou sujet que je suis, il n'y a *rien* sur quoi la faire reposer. *La personne, c'est ce qui est condamné à la responsabilité* ».[15]

Cette interprétation très séduisante de la pensée de saint Thomas peut sans doute prêter à discussion. Mais que le fondement de la responsabilité soit uniquement la rationalité ou la rationalité et autre chose qu'elle, il demeure que cette définition de la personne comporte deux éléments essentiels qui sont affirmés avec force par saint Thomas et que reprendra sans cesse la pensée chrétienne traditionnelle : singularité d'une part, rationalité et responsabilité d'autre part.

Elle constitue une découverte capitale qui, cependant, il faut le reconnaître, demeure sans suite. Contrairement à ce qu'affirment les thomistes, Gilson par exemple, la notion de personne ne joue guère de rôle dans la morale médiévale, et quand celle-ci cherche à déterminer les conditions d'exercice de la moralité, elle aboutit en fait à une morale impersonnelle, même si elle pose un certain nombre de normes fondées sur des bases solides et justifiées avec rigueur. Néanmoins les principes établis dans cette conception gardaient une fécondité insoupçonnée. Et ce n'est pas le moindre mérite d'Emmanuel Mounier et des personnalistes chrétiens contemporains que d'avoir mis à jour les richesses qu'ils renfermaient et dégagé les nouvelles dimensions de la personne qui s'y trouvaient voilées.

Comment expliquer qu'en ce domaine la pensée chrétienne ait tourné court ? Les conditions susceptibles de permettre une exploitation réelle de la découverte n'étaient pas, à vrai dire, réalisées. Entre une notion et la réalité qu'elle exprime il n'existe pas une vague correspondance. Il ne suffit même pas de dire qu'elles se trouvent indissolublement liées. Sorte de signe, une notion ne s'établit que par réflexion sur une réalité. Elle ne commande pas aux faits, mais enregistre leur évolution.

Dans le cas qui nous préoccupe, la réalité était trop imprécise, trop ambiguë, trop à l'état embryonnaire pour donner lieu à une élaboration conceptuelle ou pour permettre à une notion venant d'ailleurs de révéler toute sa fécondité. Cette dignité suréminente dont parlaient les théologiens et les philosophes [16] et qui obligeait en quelque sorte à l'appeler non simplement homme mais personne humaine, l'homme y croyait-il vraiment ? Se considérait-il comme une personne ? Quels faits, quelles institutions mettaient en relief la personne et lui assuraient une valeur de premier ordre ?

La pensée chrétienne est parvenue à préciser une notion d'une importance extrême pour l'homme, à partir d'une réflexion sur Dieu, Père, Fils et Esprit. Si Dieu est une personne, l'homme l'est aussi puisqu'il est créé à son image et à sa ressemblance. D'une réalité théologique elle est passée à une notion à la fois théologique et anthropologique. En théologie, on a pu sans doute en tirer le maximum ; étendue à l'anthropologie, elle ne pouvait révéler sa fécondité. Entre la notion et le réel que celle-ci était censée exprimer, il n'existait pas de correspondance véritable. Il faudra attendre plusieurs siècles pour qu'elle puisse y être appliquée avec fruit. Il faudra entre temps un changement profond de l'humanité, un bouleversement de l'état de l'homme et de sa condition, entraînant d'énormes conséquences ; entre autres, le développement de la vie intérieure et l'importance du sentiment du moi, la prise de conscience du rôle créateur de l'homme, la naissance d'une conscience historique, tout étant envisagé dans le temps, cette nouvelle dimension de notre pensée.

3. *Personne et pensée moderne*

Eloignée du champ théologique, la notion de personne ainsi conçue ne pouvait se développer. On va donc assister avec la pensée moderne à son éclatement. Ce ne sera pas le résultat d'une opération consciente ; elle ne donnera pas lieu à une réflexion critique et ne sera pas l'objet de discussions philosophiques. Tout simplement, spontanément et naturellement, pourrait-on dire, quand on parlera de personne, on aura à l'esprit l'un seulement des deux aspects mis en lumière par la pensée chrétienne. Aussi les conceptions élaborées resteront-elles toujours boiteuses et les définitions proposées imprécises, comme si la notion ne pouvait supporter cette amputation.

Il subsistera dans chacune des conceptions une zone d'ombre.

Appeler l'homme une personne ce sera, par l'usage d'un simple mot, tenter d'appréhender une réalité qui échappe dans son intégralité. Nommer sera en quelque sorte chercher à faire être, ce qui est le propre d'une démarche mythique. Mais en fait notre langage, comme le disait parfois l'ethnologue Maurice Leenhardt, n'est-il pas pénétré quelque peu de mythique, le mythe étant entendu non comme un récit fabuleux mais comme une saisie de l'univers, une appréhension affective et non rationnelle du réel ? « Nécessité, force, foi, élan vital, *personne*, égalité, etc., sont, écrit-il, autant de termes qui renferment chacun une réalité insaisissable, dictent des comportements de l'homme, et correspondent à soi seul à un mythe ».[17] Dans le langage courant, personne demeure un mot mythique ; dans le langage « savant » il l'a été jusqu'aux personnalistes chrétiens, et malgré eux il le demeure encore en partie. Nous essaierons plus tard de déterminer les raisons de cette partielle mais décisive transformation.[18]

Indiquons simplement pour le moment les courants de pensée qui recueilleront les deux éléments de la notion, mis en lumière par les théologiens et philosophes chrétiens : l'idéalisme ou plus justement peut-être la philosophie spiritualiste d'une part, la psychologie et la sociologide d'autre part. Mais nulle part la personne ne sera saisie dans tous ses aspects. Le mot désigné pour rendre compte de l'un d'eux témoignera de l'existence de l'élément méconnu et non discerné. On définira la personne par la liberté et la responsabilité, lui enlevant tout caractère concret et oubliant ainsi, avec son support empirique, tout ce qui fait sa densité ; mais croyant, sinon chrétien, on sera hanté par le souci de se débarrasser de la tentation panthéiste. Ce qu'essaie de faire, par exemple, Lachièze-Rey dans son ouvrage *Le Moi, le Monde et Dieu*,[19] n'est-ce pas de détacher l'idéalisme d'une métaphysique panthéiste et de le rattacher à un théisme, seul capable à son avis d'assurer la valeur de la personne ? A l'inverse l'on définira la personne par la singularité, méconnaissant ce qui assure l'essentiel de sa dignité, mais on ne pourra procéder de la sorte qu'en opérant un véritable coup de force, comme le font les psychologues, et en chassant de son esprit et du champ de ses investigations toute préoccupation morale. De métaphysique, la notion deviendra ou *morale* ou *psychologique*.

Il est banal de dire qu'avec Descartes le centre de gravité de la philosophie se déplace et passe de l'objet au sujet. Mais ce sujet devient vite le sujet transcendental de l'idéalisme, alors qu'à travers les *Méditations* on décèle encore une certaine présence: celle de l'homme Descartes. Pour ce dernier en effet, si c'est l'homme qui pense, c'est l'individu qui veut ; le doute qu'il affirme est un acte de volonté, et rien n'est plus singulier que de vouloir.

La personne ne constitue pas dans le cartésianisme un thème de réflexion, mais un disciple moderne a pu chercher à découvrir des ressemblances entre l'inspiration profonde de la pensée cartésienne et celle qui sous-tend certains développements du personnalisme contemporain. [20]

Il conviendrait donc de nuancer quelque peu l'affirmation que la pensée moderne fait éclater la notion de personne. Cela s'avérerait encore plus nécessaire si l'on prenait en considération l'œuvre de Maine de Biran, ce continuateur original et critique de Descartes. Nulle conception de la personne ne figure explicitement dans ses écrits, mais l'idée n'en est jamais absente. Le problème fondamental qu'il se pose est celui de la nature de la conscience, mais pour lui toute conscience est conscience du moi. L'homme sera saisi par Maine de Biran dans son individualité et comme tel il constituera un thème esentiel de sa méditation. Le moi apparaît dans son activité pour vaincre les résistances du monde extérieur et corporel, et en se sentant cause relative à certains effets il se connaît comme personne individuelle. Mais Maine de Biran soucieux d'échapper à l'individualisme, n'a pas voulu enfermer l'homme dans son individualité. « En vertu du rapport anthropologique, écrit-il dans les *Fragments relatifs aux fondements de la morale et de la religion*, nul agent ne peut être réduit à son individualité ; ce qu'il sait ou sent en lui, il le sait avec un autre ou par un autre. Ses droits sont des attributs communs à tous les êtres actifs et intelligents, à tout ce qui s'appelle personne. Le droit d'agir ou d'exercer sa liberté et ses facultés est inséparable du sentiment même de cette liberté. Il ne sait son activité qu'avec celle d'un autre être, et ne l'entend précisément en lui qu'en l'entendant comme un autre, ou dans un autre que lui ». [21] Ainsi le moi n'existe pas seul ; le rapport inter-individuel se révèle comme un élément essentiel de la conscience du *moi* humain, et le biranisme pose en quelque sorte l'existence d'un double fait primitif : le moi et la relation avec les autres moi. La communication immédiate des consciences, est-il nécessaire de le rappeler, constitue un des thèmes dominants de la philosophie contemporaine.

Le personnalisme de Maine de Biran est réel et l'idée de personne se trouve située au cœur de sa doctrine. Mais si le biranisme est le seul exemple d'une pensée qui, avant le 20ᵉ siècle, maintient l'unité de la notion de personne, il convient de noter la grande différence qui existe entre la définition chrétienne traditionnelle et la sienne. Pour saint Thomas, par exemple, l'homme est une personne ; cela signifie qu'il est un individu, c'est-à-dire un suppôt, sujet incommunicable, être par soi, distinct de tout autre, mais un individu plein d'une grande dignité, parce qu'il est raisonnable, par conséquent libre et responsable. L'écart entre les deux conceptions ne tient pas à l'importance des notions d'incommunicabilité d'une part et de communication entre les moi d'autre part, car si celle-là est de nature métaphysique, celle-ci se relève plutôt d'ordre psychologique et moral. A. Malet considère même cette incommunicabilité, affirmée par les philosophes et théologiens chrétiens, comme le fondement de la communication des personnes. « Les sujets, précisément parce que sujet *ultimes*, écrit-il, sont la source, libre et responsable, de leur rencontre et de leur dialogue à travers les relations de conscience et d'amour. L'incommunicabilité des sujets fonde leur réciprocité ». [22] Quoi qu'il en soit, la définition biranienne de l'homme est plus éthique que métaphysique. L'homme est une personne individuelle, c'est-à-dire un moi qui se saisit dans l'effort et le mouvement, se connaît par conséquent grâce à une activité volontaire, mais, écrira Biran, « il n'existe pas d'*individu* qui ne soit en même temps *personne morale*... ». [23] C'est que la relation avec les autres moi oblige à considérer comme *devoir* ce qui dans une perspective purement individuelle pourrait apparaître seulement comme *droit*. La responsabilité, ici, se trouve avec toute la vie morale fondée non sur la rationalité mais sur le fait primitif de la communication, et on comprend l'orientation de Biran, à la fin de sa vie, vers le mysticisme plutôt que vers le rationalisme. [24]

Ces différences une fois marquées, il convient aussitôt d'ajouter qu'elles ne sont pas le signe d'une opposition. Les plans sur lesquels on se situe de part et d'autre ne sont pas les mêmes, mais ils ne s'excluent pas. La notion chrétienne de personne, une fois entraînée en dehors du domaine théologique, avait besoin d'être enrichie et de bénéficier de l'apport de divers courants de pensée pour pallier son caractère abstrait. Nous essaierons dans la suite de montrer dans quel sens se fera cette évolution, la notion de personne telle qu'elle est définie par les personnalistes contemporains constituant une prise de conscience de cet enrichissement. La philosophie de Maine de Biran en tout cas est l'une de celles qui y a le plus contribué.

Que la notion de personne garde quelque unité, comme par hasard serait-on tenté de dire, il faut bien le reconnaître. Il n'en demeure pas moins qu'elle cessera pendant longtemps d'exister sous les aspects que lui avait conférés la pensée chrétienne.

Qu'une philosophie, celle de Léon Brunschvicg par exemple, animé d'une exigence rigoureuse d'universalisme et guidée par la recherche d'une norme qui transcende l'individu aboutisse à la négation de toute valeur individuelle et à un impersonnalisme total, cela ne saurait étonner. Mais des doctrines qui glorifient pourtant la personne ne devaient-elles pas, elles aussi, déboucher sur un impersonnalisme de fait, dès lors qu'elles établissaient, à la suite de Kant, une distinction radicale entre un *moi* empirique et le *je* transcendental ? L'homme considéré comme personne, non en tant qu'être concret et singulier, mais en tant que représentant de l'Esprit, garde-t-il quelque consistance réelle ? Peut-il être appelé personne si on ne voit également en lui un être corporel, situé et daté ? Cet arbre que nous regardons, est-ce ce tronc, ces banches et ces feuilles ; existe-t-il coupé de ses racines enfouies dans la terre ?

Certes on comprend la démarche kantienne, soucieuse de sauver le *moi* du déterminisme et d'assurer son autonomie. Il est vrai que peu de philosophes ont, autant que Kant, glorifié la personne humaine et affirmé son inestimable valeur. « Traite toujours l'humanité dans la personne d'autrui comme fin et jamais uniquement comme un moyen ». Cette célèbre maxime, reprise souvent par les disciples, a également été retenue par les personnalistes chrétiens contemporains. Néanmoins la morale kantienne, maintenue dans une indépendance totale à l'égard du savoir, conçue en dehors de tout lien avec la métaphysique, demeure une morale de la pure intention, qui méconnaît les conditions réelles de l'activité humaine. Elle ne rencontre jamais cette personne qu'elle prétend respecter.

Les néo-kantiens et, d'une manière générale, les philosophes spiritualistes, en particulier en France, ont cherché à accroître la consistance de la personne. Renouvier, par exemple, dont le néo-criticisme s'est progressivement transformé en un *personnalisme*, a critiqué la distinction tranchée du phénoménal et du nouménal et a cru possible une observation réelle de la personne.

Son dernier ouvrage a pour titre : *Le Personnalisme*. [25] Ce mot est, semble-t-il, d'origine allemande : il serait né à la fin du 18e siècle ou au début du 19e à l'occasion de discussions entre panthéistes parmi lesquels Goethe, et théistes, en particulier Jacobi, qualifiés de personnalistes (il s'agissait de savoir si l'on pouvait valablement parler d'une personnalité infinie). Renouvier qui est le premier philosophe à l'avoir utilisé en France, ne considère pas la personne comme située dans un monde inaccessible, sentant bien comme l'a indiqué Charles Baudoin,[26] la terrible menace qui pèse sur le règne de la personne, si l'on tient absolument à considérer celle-ci comme le couronnement d'une nature qui lui serait pourtant hétérogène. Mais Renouvier a toujours pris soin de distinguer la personne du moi, qualifié d'empirique : « La conscience humaine, en ce monde, est faite de deux hommes : l'homme de l'expérience et l'homme idéal. L'un est constitué par le *caractère*, qui se forme des qualités natives, propres ou héréditaires, et des vertus et des vices développés dans le cours de la vie. L'autre, l'homme idéal, est la personne, que nous reconnaissons en découvrant sous notre moi empirique un moi supérieur à dégager, que retiennent et qu'oppriment des conditions de la nature et des exigences de la société, contraires au bonheur, contraires à la justice ». [27]

Une préoccupation identique est sensible chez Louis Prat, disciple et ami de Renouvier. Il a, lui aussi, repris plusieurs fois cette idée. L'un de ses ouvrages a même pour titre : *Le Caractère empirique et la personne*. [28] Il y conçoit celle-ci comme l'être qui devrait être, et à son avis poser les conditions d'un dépassement spirituel de soi, c'est montrer l'abîme même qui sépare le moi de la personne, au mieux c'est indiquer le chemin que doit prendre ce moi dans son effort pour tendre vers la personne. Dans un autre ouvrage il reprend cette opposition : « Cet être, au-dessus de l'être empirique, que l'homme constate et qu'il poursuit à travers ses changements, c'est la Personne, » écrit-il et, quelques lignes plus loin, il nous invite à « dégager l'intelligible Psyché de la chrysalide informe qui l'enveloppe et l'empêche de s'envoler vers la pure lumière ». [29]

Dans la lignée ou à côté de Renouvier, on pourrait avec Charles Baudoin [30] placer nombre d'autres philosophes : les spiritualistes français, le philosophe et psychologue allemand William Stern, les personnalistes anglais et américains, professeurs d'université ou rédacteurs de la revue *The Personalist*. Il n'est pas possible de développer les diverses conceptions de la personne qui transparaissent dans leurs écrits. Malgré les différences sensibles qui existent entre leur doctrine disons, au risque de schématiser à l'excès, qu'ils se rattachent tous au grand courant de l'idéalisme moral.

Il faut cependant noter le souci de réalisme des spiritualistes français, Lavelle et le Senne, et leur effort pour retrouver le contact avec le concret. Et si Lachièze-Rey et Nabert continuent pour leur part à préconiser l'éviction du moi singulier, comment ne pas reconnaître une certaine parenté entre les personnalistes chrétiens contemporains et Georges Bastide qui, parti d'un idéalisme réflexif, aboutit par le biais d'une philosophie des valeurs, à un personnalisme de tradition chrétienne.

Malgré ces tentatives récentes l'écart reste grand entre la personne telle qu'elle a été conçue par les théologiens du Moyen Age et la personne vue par les philosophes idéalistes ou spiritualistes. Seul, le second des deux éléments inclus dans la définition chrétienne demeure et de métaphysique, la notion est devenue morale, avec un correspondant sur le plan du droit : la personne juridique.

Le premier élément, comme nous l'avons dit, n'a pourtant pas été abandonné par la pensée moderne. Il a pour ainsi dire été récupéré par les psychologues, ethnologues et sociologues. De métaphysique, la notion est devenue psychologique ou psycho-sociologique. Alors que la personne avec les philosophes apparaissait comme *sujet moral*, ici elle ne sera autre que le *sujet psychosocial*. La personne c'est le moi, et Marcel Mauss parlera d'« Une catégorie de l'esprit humain : la notion de personne, celle de moi », [31] comme si les deux termes étaient rigoureusement synonymes.

Des ethnologues, tels Marcel Griaule et Germaine Dieterlen, ont, à la suite de Mauss, identifié eux aussi la personne et le moi. Leurs travaux montrent bien que la conception qu'on se fait de l'être humain varie d'une culture à une autre. Mais le terme de personne est maintenu dans son sens courant. On pourrait, sans modifier aucunement la signification de leurs textes, remplacer personne par moi ou par homme. Par exemple, quand G. Dieterlen écrit : « Les Bambara du Soudan français ont de leur personne une notion à la fois précise et complexe... », [32] le possessif *leur* nous semble avoir toute son importance, et il est impossible de lui substituer le défini *la*. Par ailleurs la détermination des principes spirituels (*ni, dya, tere, nyama, wanzo*), des parties du corps humain liés à eux, de certains attributs sociaux (prénom, nom, devise, interdit), permet-elle d'aboutir à une définition de la personne ou à celle de l'homme ? De même quand un occidental dit de l'homme qu'il est un composé d'âme et de corps (ces deux éléments que traditionnellement on met sous cette notion en Occident), il ne définit pas la personne. En fait, les Bambara et les Dogon d'Afrique ou les Canaques de Nouvelle Calédonie, tout comme d'ailleurs les Indiens, les Russes, les Français et les divers peuples, s'ils se font une idée de l'homme, n'ont pas pour autant une conception de la *personne*, ce terme, dans de nombreuses langues, n'existant même pas. L'utiliser comme synonyme d'homme signifierait qu'il ne lui ajoute rien, ce qui n'est pas le cas.

Notons cependant qu'un ethnologue, Maurice Leenhardt, a réfléchi sur la notion de personne elle-même et a essayé d'en marquer l'originalité. La distinction entre personne, moi et individu n'apparaît pas toujours très nette dans ses écrits, mais par endroits il oppose les deux termes d'individu et de personne, ce qui contribue à donner au dernier un sens particulier. Le Mélanésien, pris dans le contexte de la société traditionnelle ne lui apparaît ni comme un individu ni comme une personne. Son moi, d'après Leenhardt n'émerge pas : la personne est diffuse dans le groupe ; elle est « participative ». Quand l'individuation se fait d'une manière inconsidérée, quand par exemple la rencontre avec la civilisation occidentale s'opère d'une manière brusque, le Mélanésien sera simplement un individu et rien d'autre que cela, c'est-à-dire un « être perdu », dont les liens avec le groupe social seront considérablement distendus sinon brisés. Au contraire si l'individuation se fait convenablement, il sera une personne, c'est-à-dire un individu qui aura conservé ses appuis mythiques ou religieux. L'originalité de la notion de personne apparaît ainsi sauvegardée, dans la mesure où Leenhardt maintient, pour la définir, des éléments d'ordre affectif et spirituel. [33]

Le sociologue, Emile Durkheim, établit lui aussi une opposition entre le plan individuel et le plan proprement personnel. On sait combien il insiste sur tout ce qui est social dans l'individu. Justement grâce au monde des représentations collectives, aux idées générales gravées en nous par la religion et par la science, l'individu peut se hisser au niveau de la personne, c'est-à-dire de la raison universelle. « Les deux termes, écrit-il, ne sont nullement synonymes: en un sens, ils s'opposent plus qu'ils ne s'impliquent. La passion individualise et, pourtant, elle asservit. Nos sensations sont essentiellement individuelles, mais nous sommes d'autant plus des personnes que nous sommes plus affranchis des sens, plus capables de penser et d'agir par concepts ». [34] Ce nécessaire dépassement, il convient de le souligner, ne diffère guère en son fond de celui que préconise l'idéalisme. L'originalité de Durkheim réside dans la conception particulière qu'il se fait de la nature de l'instrument susceptible d'assurer le passage de l'individuel au personnel. Pour lui, la société est l'intermédiaire qui s'impose. Mais ce n'est pas à partir de son expérience de sociologue qu'il a élaboré une telle théorie. Nous sommes ici dans le domaine philosophique et ramenés en fait à Kant et principalement à Renouvier dont Durkheim a subi l'influence. [35]

Théodule Ribot est, à notre connaissance, le premier psychologue et le premier spécialiste des sciences humaines à avoir tenté de définir la notion de personne. « Dans le langage psychologique, écrit-il, on entend généralement par « personne » l'individu qui a une conscience claire de lui-même et agit en conséquence ; c'est la forme la plus haute de l'individualité ». [36] Seul donc le premier élément de la définition chrétienne apparaît ici. Il se trouve quelque peu transformé et perd de son allure métaphysique : la personne n'est pas l'individu raisonnable, libre et responsable, c'est plus simplement l'individu, c'est-à-dire le moi conscient de lui-même. L'introduction du terme conscient ne doit pas inciter à faire référence à l'idéalisme kantien. Ce mot garde ici son sens psychologique. Chez Ribot, ce ferme partisan de la psychologie expérimentale, il ne s'agit pas de la conscience que la pensée a d'elle-même et la distinction entre un moi pur et un moi empirique lui reste étrangère. Plutôt qu'à Kant il faudrait se référer à Locke qui l'a influencé aussi bien directement qu'à travers certains psychologues anglais du 18e siècle.

C'est à l'identification personne-personnalité que procèdent pour leur part des psychologues, tels Gordon Allport et Jean Stœtzel. Ce dernier, [37] par exemple, a bien montré la place originale qu'occupe parmi les notions psychologiques celle de personne et, marquant nettement ses fonctions, a souligné le lien qui existe à l'intérieur d'une société entre d'une part ses institutions et ses valeurs, d'autre part la conception du moi qui lui est propre, celle-ci se révélant à la fois cause et effet. Mais seul l'aspect psychologique de la notion de personne est retenu. S'il est vrai que l'idée que les hommes se font de leur *moi* varie dans l'espace et le temps, peut-on parler valablement de différences de conceptions de la *personne*. Cela nous semble plus qu'une querelle de vocabulaire.

Dans divers écrits, Ignace Meyerson, psychologue lui aussi, a abordé l'étude de cette notion. L'esquisse historique qu'il en fait dans son ouvrage, Les Fonctions psychologiques et les œuvres,[38] met bien en relief le rôle du stoïcisme et du christianisme dans son élaboration. Mais s'il ne méconnaît pas les divers éléments de la personne, tout son intérêt semble centré autour de son aspect psychologique, et la personne demeure, chez lui également, identifiée au moi. La même constatation peut être faite à propos de l'importante étude d'Alain Girard sur *Le Journal intime*.[39] A partir d'une réflexion sur les œuvres de Montaigne, Pascal, Rousseau et des principaux auteurs de journaux intimes, A. Girard montre les changements qui s'opèrent au cours des temps dans la notion de personne et les renversements dans la manière de la concevoir. Il s'agit évidemment ici du moi, et on ne peut guère s'en étonner : les intimistes qu'étudie Girard, se sont penchés sur eux-mêmes pour s'épier et s'observer ; leur pensée est une réflexion sur le moi.

Nous comprendrons mieux cette identification si nous nous rappelons l'extrême importance de ce thème du moi dans la pensée occidentale moderne, particulièrement en littérature. Sensible déjà chez certains écrivains des premiers siècles de notre ère, tel l'empereur Marc-Aurèle, il prend forme et consistance chez saint Augustin ; il s'impose nettement à la Renaissance, époque qui voit les premières manifestations de l'individualisme, et, depuis, il n'a cessé de se développer et d'avoir un grand retentissement. Léo Lowenthal[40] et Ignace Meyerson[41] analysant l'un, la littérature moderne et l'autre, le roman de 1880 à nos jours, ont noté son importance et révélé l'idée de leur moi que les hommes se sont faite peu à peu. Des deux dernières décennies du 19e siècle à 1950, pour ne prendre que l'époque récente, trois manières de concevoir le moi et ses rapports avec les autres sont apparues, selon Meyerson. « L'époque de 1880 à 1900 écrit-il est individualiste à l'extrême. Elle peint en couleurs très vives la personne asociale et essaie de donner une solution individualiste des problèmes moraux, solution qui ne peut être qu'esthétique. La période de 1900 à 1930 est préoccupée de l'« autre », mais les conclusions de sa recherche sont hésitantes. Qu'est l'autre, par lui-même, et en moi ? Qu'est le vrai moi ? Et : que faut-il choisir : la vie, ou le spectacle et l'analyse de la vie ? Le roman des dernières années montre la participation, le moi par les autres, dans la douleur comme dans la joie ».[42]

Nous ne nous étendrons pas plus longuement sur ce problème malgré son importance et l'intérêt que présente une étude comme celle de Meyerson. En fait, de telles transformations n'ont pas marqué que la littérature. Elles n'ont pas manqué de retentir également en philosophie : le développement de la vie intérieure, la place prise par les problèmes du moi dans la pensée contemporaine ont contribué à enrichir considérablement la notion de personne, permettant ainsi aux personnalistes chrétiens, témoins en quelque sorte de cette influence, d'en renouveler la conception. Héritiers d'une tradition, comme Mounier, [43] ils la maintiendront cependant dans son intégralité, évitant de l'identifier à l'un seulement de ses aspects.

Cette disjonction des deux éléments de la personne peut être regardée comme un symptôme, parmi d'autres, du drame dans lequel se débattra la pensée moderne. Celle-ci oscillera longtemps, en effet, entre un impersonnalisme de fait et un moralisme de principe d'une part, et, d'autre part l'affirmation souvent passionnée d'une singularité qui confinera parfois à une solitude morbide. Les notions de personne et de personnalisme resteront attachées à la première tendance, celles d'individu et d'individualisme et parfois d'anarchisme à la seconde. Au sujet désincarné de l'idéalisme et du spiritualisme s'opposeront *l'unique* de Stirner, *l'esthète* de Kierkegaard et même le *croyant* tel qu'il le pose. c'est-à-dire débarrassé des contraintes de la loi mais seul en face de son Dieu, enfin le *grand homme synthétique* de Nietzsche, qui a pour qualité principale la maîtrise de soi et se définit comme celui qui a su vaincre l'homme faible qui était en lui et rassembler sous un même joug les forces diverses et dissemblables de son être. [44].

R. Plaquevent, dans un article de la revue *Esprit* [45], signale que le mot individualisme commence à être employé seulement au début de la seconde moitié du 19e siècle. En 1835, le verbe individualiser est introduit dans le dictionnaire de l'Académie, mais pas encore le nom individualisme. Ce mot commence sans doute à être utilisé, mais c'est en 1852 qu'il figure pour la première fois dans un dictionnaire français (*Bescherelle*) dans l'acception suivante : « Système d'isolement dans les études, dans les travaux, dans l'existence : le contraire de l'esprit d'association ». Dans la suite les autres dictionnaires insisteront sur l'idée de système, de théorie, qui pose le primat de l'individu sur la société. Pour sa part *Littré* le définira de la manière suivante : « Système d'isolement dans l'existence. L'individualisme est l'opposé de l'esprit d'association. Théorie qui fait prévaloir les droits de l'individu sur ceux de la société ».

En fait seule une habitude de langage nous contraint à parler du personnalisme de Kant ou de Renouvier et de l'individualisme de Stirner, de Nietzsche et de certains représentants de l'existentialisme moderne. Ne gardant de l'ancienne notion de personne que l'un de ses éléments, les uns n'étaient pas plus habilités que les autres à utiliser le mot personne. En réalité la personne étant devenue, dans une tradition philosophique, synonyme de quelque chose d'impersonnel, le même terme ne pouvait être repris par ceux qui affirmaient avec passion la singularité personnelle. Les ethnologues et les psychologues l'ont utilisé parce qu'ils ne se situaient pas sur le plan philosophique et n'avaient pas à se définir par opposition à un courant de pensée.

Au-delà des querelles de mots, nous pouvons penser que s'imposait la réunification des deux aspects de la personne pour que celle-ci se révélât dans toute sa profondeur. Cette synthèse, ébauchée chez des spiritualistes comme Georges Bastide ou Jean Guitton, et chez des philosophes de l'existence comme Max Scheler ou Martin Buber, plus nettement esquissée chez Gabriel Marcel et Maurice Nédoncelle, sera opérée chez Mounier et les personnalistes chrétiens qui ont été ou sont encore des collaborateurs importants de la revue *Esprit*. Ces derniers reprendront les deux éléments mis en évidence par les philosophes du Moyen Age, mais enrichis considérablement par tout ce que la pensée moderne a permis d'y introduire.

En nous appuyant sur leurs écrits, nous nous efforcerons d'aboutir à une détermination à la fois rigoureuse et concrète de la personne. Mais nous éviterons de prendre ce mot en l'isolant du contenu qu'il recouvre. Aussi chercherons-nous d'abord à éclairer ce contenu. Une telle démarche rendra plus aisée une réflexion sur la notion elle-même et permettra de parvenir, croyons-nous, à la définir d'une manière exacte et précise. Auparavant il convient cependant d'éclairer quelque peu l'arrière-plan métaphysique du personnalisme et d'indiquer la base sur laquelle reposeront toutes nos analyses.

NOTES DU CHAPITRE I

1. J. Murphy, « The Development of Individuality in the Ancient Civilization », *Mélanges Franz Cumont, Annuaire de l'Institut de Philologie et d'Histoire Orientales et Slaves*, t. IV, 2ᵉ vol. Bruxelles, 1936, vol. II, p. 867-883.
2. E. Durkheim, *De la division du travail social*, Paris, 1893.
3. C. Bouglé, « L'Individualité en histoire : l'individu et l'organisation sociale », in *L'Individualité, Troisième semaine internationale de synthèse*, Paris, 1933.
4. M. Mauss, « Une catégorie de l'esprit humain : la notion de personne, celle de " moi ", *Journal of the Royal Anthropological Institute*, vol. LXVIII, 1938, Londres (Huxley Mémorial Lecture, 1938), repris dans *Sociologie et Anthropologie*, Paris, 1950.
5. *Sociologie et Anthropologie*, p. 333.
6. J.P. Vernant, « Aspects de la personne dans la religion grecque », *Mythe et pensée chez les Grecs, Etudes de psychologie historique*, Paris, François Maspéro, 1965, 6ᵉ étude, p. 267-282.
7. M. Nédoncelle, « Prosopon et persona dans l'antiquité classique », in *Revue des sciences religieuses*, 22, 1948, p. 277-299.
8. Pour chacun de ces sens Nédoncelle donne des exemples tirés de l'œuvre de Cicéron, *Ibid.*, p. 297-298.
9. F. Godefroy, *Dictionnaire de l'ancienne langue française*, Paris, 1889.
10. A. Bayet, « Note sur l'histoire du mot " Personne " », *Journal de Psychologie normale et pathologique*, juillet-septembre 1948, p. 329.
11. Nous remercions Monsieur P. Hadot d'avoir bien voulu nous communiquer le texte d'une conférence qu'il a prononcée, en 1960, sur le sujet suivant : « De Tertullien à Boèce : le développement de la notion de personne dans les controverses théologiques ».
12. *De potentia*, Q IX, a 2. Nous reproduisons ce texte tel qu'il a été traduit par A. Michel dans le *Dictionnaire de théologie catholique*, de Vacant et Mangenot, t. VII 1ʳᵉ partie, art. « Hypostase ».
13. En ce qui concerne la doctrine même de Boèce sur la personne, *cf.* M. Nédoncelle, « Les Variations de Boèce sur la personne », *Revue des sciences religieuses*, 29, 1955, p. 201-230.
14. Paris, 1956, p. 89.
15. *Ibid.*, p. 90.
16. « *Id quod est perfectissimum in tota natura...* », dira saint Thomas, *Somme théologique*, I a, 29, 3.
17. M. Leenhardt, « Ethnologie et métaphysique », *Revue de Métaphysique et de morale*, Juillet-octobre 1947, p. 365. Le mot personne, souligné ici, ne l'est pas dans le texte.
18. Cf. chap. IV, note 56.
19. P. Lachièze-Rey, *Le Moi, le Monde et Dieu*, Paris, nouvelle éd. revue et augmentée, 1950.
20. Cf. Maxime Chastaing, « Descartes, introducteur à la vie personnelle », *Esprit*, n° 58, 1ᵉʳ juillet 1937, p. 531-547. Cf. également J. Lacroix, *Marxisme, existentialisme, personnalisme*, Paris, 1949, chap. III : « La signification du doute cartésien ».
21. *Œuvres* de Maine de Biran, publiées par Pierre Tisserand, t. XIII, Paris, 1939, fragment III, p. 16-27.
22. A. Malet, *op. cit.*, p. 89.

23. *Op. cit.*, p. 16.
24. *Cf.* H. Gouhier, *Les Conversions de Maine de Biran*, Paris, 1947.
25. Paris, 1903.
26. Ch. Baudoin, « Quelques aspects nouveaux du problème de la Personne », *Revue philosophique*, novembre-décembre 1938.
27. C. Renouvier et L. Prat, *La Nouvelle monadologie*, Paris, 1899, p. 453.
28. Paris, 1905.
29. L. Prat, *La Religion de l'harmonie*, Paris, 1922, p. 221.
30. *Découverte de la personne*, Paris, 1940.
31. Titre du texte de Mauss, *op. cit.*
32. « La Personne chez les Bambara », *Journal de psychologie normale et pathologique*, janvier-mars 1947, p. 45. *Cf.* également *Essai sur la religion bambara*, Paris, 1950, chap. III : « La personne ».
33. *Cf.* M. Leenhardt, *Do Kamo : la personne et le mythe dans le monde mélanésien*, Paris, 1947 : « La propriété et la personne dans les sociétés archaïques », *Journal de Psychologie normale et pathologique*, n° 3, juillet-septembre 1952, p. 278-292.
34. E. Durkheim, *Les Formes élémentaires de la vie religieuse*, Paris, 4ᵉ éd., 1960, p. 389.
35. Dans une chronique de la Revue *Europe* (t. XXII, 1930), consacrée à « l'Œuvre sociologique d'Emile Durkheim », René Maublanc écrit : « Ce n'est pas, malgré les apparences, à Comte que s'apparente le plus Durkheim, mais à l'autre grand philosophe français du 19ᵉ siècle, à Renouvier. La première fois que je vis Durkheim en privé, il me dit : « Si vous voulez mûrir votre pensée attachez-vous à l'étude scrupuleuse d'un maître, démontez un système dans ses rouages les plus secrets. C'est ce que j'ai fait, et mon éducateur fut Renouvier » (p. 299).
36. T. Ribot, *Les maladies de la personnalité*, Paris, 1885, p. 1.
37. J. Stoezel, *La Psychologie sociale*, Paris, 1963.
38. Paris, 1948.
39. Paris, 1963.
40. L. Lowenthal, *Literature and the image of man : sociological studies of the European drama and novel* 1600-1900, Boston, 1957.
41. I. Meyerson, « Quelques aspects de la personne dans le roman », *Journal de psychologie normale et pathologique*, janvier-juin 1951, p. 303-334.
42. *Ibid.*, p. 306.
43. Mounier est très souvent présenté comme un disciple de Péguy. Il est, en effet, indéniable que l'influence de celui-ci s'est exercée d'une manière très nette sur sa pensée et a marqué l'orientation de la revue *Esprit*. Mais nous estimons que, sur le plan strictement philosophique, son œuvre se situe, au moins partiellement, dans la tradition de la métaphysique chrétienne élaborée au cours du Moyen Age. Tenter de l'établir ici nous éloignerait de notre sujet. A notre avis la pensée de Mounier qui aimait à répéter, au cours des années 40, que la tâche essentielle était de réconcilier Karl Marx et Kierkegaard, pourrait se caractériser de la manière suivante : elle évolue d'une part d'un *thomisme rénové* (l'influence de Maritain a été sensible pendant quelque temps) à un *thomisme dépassé*, d'autre part d'un *socialisme réformé par la pureté* à une *éthique de l'affrontement*, c'est-à-dire de Péguy et aussi de Proudhon à Marx et aux philosophes de l'existence.
44. Si nous faisons de Stirner, de Kierkegaard et de Nietzsche les représentants de la pensée individualiste, il va de soi qu'il ne s'agit pas, en ce cas, d'un individualisme vulgaire.
45. *Individu et Personne*, février et mars 1938.

CHAPITRE II

Fondements de l'anthropologie personnaliste

Le personnalisme n'est pas un système, a souvent déclaré Emmanuel Mounier. On peut préciser que c'est une philosophie qui n'a pas éprouvé le besoin d'élaborer une partie métaphysique, parce qu'elle s'adosse tout naturellement à une métaphysique déjà existante.[1] Il ne s'agit ni de celle de saint Augustin ni de celle de saint Thomas mais de ce qui est commun à tous les grands philosophes du Moyen Age : saint Augustin, saint Thomas, saint Bonaventure et Duns Scot, par exemple.

1. *Métaphysique de l'être ou métaphysique de la création*

En voici les propositions fondamentales telles que les formule saint Thomas : « Qu'il existe un être premier de tous, possédant la perfection plénière de l'être, et que nous appelons Dieu, c'est chose démontrée ; et aussi que, de l'abondance de sa perfection, il dispense l'être à tout ce qui existe, en sorte qu'il faille le reconnaître non seulement comme premier, mais comme principe premier de tous les êtres. Or, cet être, il ne le confère pas aux autres par nécessité de nature, mais par un décret de sa volonté. En conséquence Dieu est le maître de ses œuvres, comme nous sommes maîtres de ce qui dépend de notre volonté. Bien plus, cette domination de Dieu sur les choses qu'il a faites est absolue, car, puisqu'il les a produites sans le secours d'un agent extérieur et même sans qu'une matière lui soit fournie, il est le producteur universel de la totalité de l'être. Or, lorsque c'est par une volonté agissante que des choses sont produites, chacune d'elles est ordonnée par cet agent en vue d'une certaine fin, car, le bien ou la fin étant l'objet propre de la volonté, il faut nécessairement que ce qui procède d'une volonté soit ordonné en vue d'une certaine fin. Chaque chose atteint sa fin dernière par son action, mais il faut que cette action soit dirigée par Celui qui a conféré aux choses les facultés mêmes par lesquelles elles agissent. Il est donc nécessaire que Dieu, qui est en soi parfait, et dont la puissance dispense l'être à tout ce qui existe, régisse tous les êtres sans être régi lui-même par aucun ; et il n'y a rien qui ne tienne de lui son existence. De même donc qu'il est parfait en tant qu'être et en tant que cause, de même aussi, dans son gouvernement, il est parfait ». [2]

Le début de ce texte signifie évidemment pour saint Thomas que Dieu est l'Être, mais nous pouvons le considérer comme signifiant principalement que Dieu est le Suprême Existant et qu'Il donne l'existence à tout ce qui existe. Il n'est pas indispensable d'adhérer à la conception de l'être sous jacente à l'ensemble des propositions. Celles-ci forment un ensemble cohérent que nous pouvons nommer métaphysique de la création ou *métaphysique biblique*, selon l'expression de Tresmontant, ou *métaphysique de l'Exode*, comme l'appelle Gilson.

Ces lignes en effet, quoique écrites par saint Thomas, n'expriment pas seulement le thomisme. L'on y retrouve, par exemple, toute la métaphysique augustinienne de la création, comme le dit Gilson. Elles résument l'essentiel de la métaphysique médiévale. Ajoutons tout de suite que tous les grands philosophes du Moyen Age les complètent en rattachant à la notion de providence divine celle de prévoyance humaine, ce qui laisse supposer que l'homme collabore à l'œuvre de Dieu, qu'il est une *personne*, c'est-à-dire un être investi d'une très haute dignité.

Chrétiens, les philosophes personnalistes, malgré tout ce qui peut les séparer, doivent nécessairement se retrouver pour affirmer qu'il n'y a qu'un Dieu et que Dieu seul est par soi, et pour reconnaître par conséquent la contingence radicale de tout l'univers, même s'ils négligent, comme Mounier, ou se refusent à accepter, comme Berdiaeff, toutes les considérations thomistes sur l'essence et l'existence. La transcendance divine et la dépendance du monde créé s'imposent à tout chrétien.

Il n'en est pas de même du *primat de l'être*, une des notions les plus fondamentales de la plupart des métaphysiques classiques et pierre d'angle du thomisme. Ce qui, aux yeux de beaucoup, justifie absolument l'importance accordée à cette notion, c'est le fait que Dieu lui-même se définit comme étant l'Être. Le texte qui permet cette affirmation est bien célèbre. Voulant connaître le nom de Dieu pour le révéler au peuple d'Israël, Moïse s'adresse à Dieu et lui dit : « Soit ! Je vais trouver les enfants d'Israël et je leur dis : « Le Dieu de vos pères m'a envoyé vers vous ! Mais s'ils demandent quel est son nom, que leur répondrai-je ? » Dieu dit alors à Moïse : « Je suis celui qui suis ». Et il ajouta : « Voici en quels termes tu t'adresseras aux enfants d'Israël : « Je suis » m'a envoyé vers vous ». [3] En s'exprimant ainsi, Dieu se définit-il vraiment comme étant l'Être, ou affirme-t-il simplement qu'il existe, laissant entier son mystère.

Dans un article intitulé : « Le nom du Dieu d'Israël », [4] E. Dhorme explique bien pourquoi Dieu ne peut pas dire « Je suis celui qui est ». Il ferait en ce cas allusion à un autre que lui-même ; la troisième personne est celle de qui l'on parle. Il ne peut donc parler de Lui qu'à la première personne. Mais que Dieu dise : « Je suis celui qui suis » ou « Je suis qui je suis » ou que Moïse interprète « Il est celui qui est », l'anonymat de Dieu demeure complet. De l'indéfinissable on ne peut dire qu'une chose, qu'il existe, et c'est ainsi qu'il se définit lui-même.

Il faut donc prendre garde à ne pas confondre les deux notions d'existence et d'être et surtout, si l'on emploie le même terme « être » pour exprimer ce qu'elles recouvrent l'une et l'autre, à ne pas mettre sous ce mot plus qu'il est nécessaire pour signifier ce qui est impliqué dans la seule notion d'existence.

C'est pour protester contre le risque de réduire l'existence au profit de l'essence que Berdiaeff s'est opposé avec une si grande force aux philosophies de l'être. Il n'est pas un seul de ses grands ouvrages qui ne comporte une critique de cette notion. [5] L'être est, pour lui, une abstraction et un produit de la pensée qui substantialise l'existence. Il serait certes facile à un thomiste de montrer que les reproches de Berdiaeff à saint Thomas sont inopérants. Ce qu'il critique, en effet, c'est le substantialisme de certains disciples, car saint Thomas, lui aussi, accorde la première place à l'existence. Mais il pose le primat de l'existence *dans* l'être et non sur l'être, ce qui pour lui signifie bien que dans la réalité quelque chose transcende l'essence et restera toujours inexplicable, mais que le réel, quand même, est par lui-même intelligible.

Le philosophe personnaliste pourrait facilement donner son accord à cette conception, car il croit, lui aussi, à l'intelligibilité de ce réel que l'homme perçoit mais ne crée pas ; de plus il n'estime pas possible de décrire simplement la réalité ou de ne l'appréhender que par l'intuition. S'il s'en éloigne, s'il ne se rattache qu'aux propositions fondamentales des métaphysiques médiévales qui tournent autour de la notion de *création*, s'il refuse toute métaphysique de *l'être*, c'est qu'il est intervenu au cours des temps un bouleversement profond dans notre façon de voir le réel.

Nous passerons donc du plan métaphysique à celui de la phénoménologie, conçue à la manière de Teilhard de Chardin comme une description en profondeur de la réalité cosmique. Cette transformation radicale qu'a subie notre vision de l'univers est due à la découverte que l'homme, grâce à la science, a faite du Temps et de l'Evolution. Il ne s'agit pas du temps métaphysique, du temps considéré par exemple comme image de l'éternité, ni du sentiment du temps, vécu par une conscience individuelle, mais du temps pour ainsi dire physique, qui est intimement lié au réel et imprègne les fibres mêmes des choses. « Désormais pour toute pensée humaine qui s'éveillera au Monde, écrit Teilhard de Chardin, chaque chose est devenue, par structure, une sorte de puits sans fonds où notre regard plonge et se perd jusqu'à l'infini des temps écoulés ». [6] Rien dans l'univers ne peut exister sans antécédent. L'évolution propre de chaque chose rejoint l'évolution générale. « Partiellement, infinitésimalement, sans rien perdre de sa valeur individuelle, chaque élément est coextensif à l'histoire, à la réalité du Tout ». [7]

L'évolutionnisme que la science moderne nous contraint bien à admettre implique ainsi deux principes fondamentaux qui peuvent être résumés de la façon suivante : le monde est homogène et forme un tout cohérent ; l'unité du cosmos n'est pas achevée, tout y est en mouvement et soumis au devenir. Mais une question se pose : l'évolution a-t-elle un sens ?

Il serait vain de vouloir présenter ici le sens ultime de l'évolution, car cela obligerait à s'élever au-dessus de l'ordre propre du phénomène et à se placer sur le plan moral, métaphysique ou religieux. Nous continuerons de nous cantonner au domaine phénoménologique, ce qui suppose évidemment de notre part un rejet de la conception traditionnelle de l'objet scientifique et une adhésion à celle, plus large, que présente Teilhard de Chardin.

L'homme, voilà la clef de l'évolution et ce qui permet de déceler la direction du cosmos. En nous situant au niveau du phénomène, nous saisissons une progression constante de la conscience, l'homme étant l'être conscient par excellence. Pour nous fournir une vue cohérente de l'univers, la science ne peut pas se borner à prendre en considération un axe spatial sur lequel s'étalerait le réel de l'infiniment petit à l'infiniment grand. L'axe fondamental de la cosmogenèse s'élève à travers le temps de l'infiniment simple à l'infiniment compliqué. Bref la loi du monde qu'il faut privilégier est *la loi de complexité/conscience* qui peut s'énoncer ainsi :

« Laissée assez longtemps à elle-même, sous le jeu prolongé et universel des chances, la Matière manifeste la propriété de s'arranger en groupements de plus en plus complexes, et en même temps de plus en plus sous-tendus de conscience : ce double mouvement conjugué d'enroulement physique et d'intériorisation (ou centration) psychique se poursuivant, s'accélérant et se poussant aussi loin que possible, une fois amorcée ». [8]

Ainsi la matière parvenue à une certaine complexité se « vitalise » et à partir d'un certain degré de complexité de la vie, la conscience émerge. Au terme extrême du processus de centration et d'individualisation des êtres, Teilhard de Chardin place la conscience de l'homme ou la réflexion. Aussi précise-t-il que l'homme n'est pas, suivant l'expression courante, un animal *raisonnable*, mais un animal *réfléchi* : de lui, on doit dire non seulement qu'il connaît mais qu'il se connaît, non seulement qu'il sait mais qu'il sait qu'il sait.

Cette loi de complexité nous semble plus valable que le principe d'émergence des marxistes : pour tout accroissement quantitatif suffisant, il apparaît des qualités nouvelles. Teilhard de Chardin précise avec une grande netteté ce qu'il faut entendre par accroissement quantitatif. Il convient en effet de bien voir ce que recouvre cette notion qui suppose une *maturation* progressive des phénomènes. Complexification par organisation ne signifie pas accumulation indéfinie du semblable. La nouveauté apparaît quand surgissent d'autres modes de relations et s'institue un échange d'informations. [9]

Cette complexification croissante de la réalité et cette progression graduelle de la conscience, qui a son terme en l'homme, s'aperçoivent encore plus nettement si, au niveau des êtres vivants, on substitue à la notion de complexité, celle plus éclairante de cerébration, la conscience pouvant être pour ainsi dire appréciée par le développement du système nerveux. Il existe, en effet, une autre loi, dite de *céphalisation*, complémentaire de la précédente qui, selon Teilhard de Chardin, permet de mieux saisir le sens de l'évolution. « Innervation » croissante et « céphalisation » croissante des organismes : cette loi est lisible dans tous les groupes vivants que nous connaissons, chez les plus petits comme chez les plus grands. On peut la suivre chez les insectes comme chez les vertébrés ; et, chez les vertébrés de classe en classe, d'ordre en ordre, de famille en famille... Il y a un stade amphibien du cerveau ; et un stade reptile ; et un stade mammifère. Et, à l'intérieur des mammifères, nous voyons le cerveau grossir et se compliquer avec le temps chez les ongulés, chez les carnassiers, chez les primates surtout. En sorte qu'on pourrait tracer une courbe continuellement montante de la vie en prenant comme abscisse le temps et comme ordonnée la quantité (et qualité) de matière nerveuse existant sur Terre à chaque époque géologique ». [10] Ce mouvement de l'univers vers une perfection du système nerveux et une croissance des cerveaux traduit la montée de Conscience et situe l'homme au sommet de la vie.

Nous ne pouvons pas présenter un véritable exposé des idées de Teilhard de Chardin sur ce sujet. Nous renvoyons volontiers à l'important ouvrage de Madeleine Barthélemy-Madaule, *Bergson et Teilhard de Chardin*. [11] L'auteur y analyse longuement cette notion de complexité-conscience par exemple, et en dégage très nettement la portée. Nous avons, ici, voulu simplement rappeler l'importance de la découverte du temps et de l'évolution et mettre en lumière la place de l'homme dans la nature. « Clef structurelle de l'univers »,

« flèche de l'évolution », pour reprendre les expressions de Teilhard de Chardin, l'homme nous apparaît comme naissant de la maturation entière de la vie, c'est-à-dire de la Terre elle-même. Une réflexion personnaliste ne peut manquer de mettre en relief cette dimension *physique* de la personne, pour peu qu'elle veuille bien admettre que la personne ne peut être scindée complètement de la nature et que la discontinuité des deux ordres s'inscrit sur un fond de continuité.

Certains personnalistes, en particulier Jean-Marie Domenach, ont cherché à préciser les points de convergence et les oppositions qui existent entre le personnalisme de Mounier et la pensée de Teilhard de Chardin [12]. De son côté, Roger Garaudy, critiquant Mounier, affirme que ce dernier a, dans son ouvrage, *Le Personnalisme* [13], essayé maladroitement de lier sa conception de la personne à la vision teilhardienne du monde, et qu'effectivement la pensée de Teilhard pouvait offrir au personnalisme la base qui, à son avis, lui faisait défaut. [14] Ce n'est pas le lieu de poursuivre ce débat. Mais il nous semble intéressant de citer un texte assez méconnu de Mounier et qui mérite pourtant d'être signalé. Nous l'extrayons d'un article paru dans la revue *Esprit* en avril 1937 [15], et rédigé, sans doute au cours de l'hiver 1936-1937, à une époque où Mounier, s'il connaissait personnellement Teilhard de Chardin, ne pouvait en tout cas avoir de l'œuvre de ce dernier qu'une connaissance extrêmement fragmentaire. [16] Comme le précise Domenach, c'est dans un texte datant de 1939 et paru en 1946 dans *Liberté sous conditions* sous le titre "Personnalisme et Christianisme", que Mounier fait pour la première fois mention de Teilhard de Chardin. [17]

Confrontant certaines doctrines anarchistes avec le personnalisme, Mounier écrit : « ...Proudhon, Bakounine, Kropotkine, ces héraclitéens du monde moderne, attendent un Platon qui les délivrera de la hantise de Parménide et de l'Etre impersonnel, un Platon qui s'intéressera aussi bien aux lois des Etats qu'aux lois de Dieu et relie les unes aux autres ; mais Platon n'était sans doute possible que sur les ruines accumulées par les sophistes, et quand Socrate, cet homme rude qui accoste les gens sur la place publique, eut rendu à la pensée sa verdeur.

« Nous pouvons pressentir ce que répondrait aux héraclitéens de la pensée ouvrière le Platon qu'un jour peut-être nos difficultés feront naître. Comme son modèle, il procéderait par maïeutique, en partant des pressentiments et des contradictions de l'adversaire. Dans cette immense aspiration de l'univers jusqu'à l'homme, dont l'anarchisme sent la grandeur, il reconnaîtrait en effet une acquisition de la pensée moderne. Mais il en chercherait le sens. Il y discernerait d'abord une progression croissante vers plus de conscience, qui est un premier souffle d'esprit, et d'esprit personnel. Il soulignerait en même temps une prédisposition élémentaire de la matière, que le dernier mot de la science définit par l'indéterminisme, à l'insertion de possibilités multiples, puis *son organisation croissante* vers l'individualité, qui est possibilité plus grande de choix et d'aventure. Il montrerait comment la critique de l'idée de loi naturelle, qui semblait aux générations positivistes un dogme intangible, a décorseté la science de l'univers, a rendu possible cette vision d'une vaste conspiration, d'une sorte de *courbure structurelle qui forcerait peu à peu la matière tout entière à préparer le lieu de la personne*, puis à s'y soumettre. Délaissant une science qui n'a étudié que le résidu de l'univers, et ne pouvait y faire à l'homme que la place inhumaine d'une suprême résultante (un peu plus fragile et éphémère que les autres) de ses déterminismes, il inaugurerait — ou retrouverait — *une science royale de l'univers en travail*, recherchant les intentions qui, non comme des vertus abstraites, des doubles inopérants, mais comme une *présence au cœur même des êtres*, en fouillent la matière. Il laisserait les vains débats entre un « esprit » impersonnel séparé et une matière stupide. Il montrerait que l'on n'a ainsi « séparé » l'esprit que parce qu'on croyait son incorruptibilité liée à la simplicité nue et abstraite, alors qu'elle est d'abord affirmation et création d'incorruptibilité, affirmation d'autorité comme Personne irréversible et immortelle. Il distinguerait cette Personne des misères de l'individualité, il montrerait que le mouvement par lequel elle prend possession de soi est le même qui la communique aux autres, et que la *personnalisation de l'Univers* peut rebondir dans la formation progressive de masses de plus en plus organiquement vivantes, couronnement, surcroît, et non oppression de la personne. Peut-être irait-il plus loin encore, s'attaquerait-il au défi même contre Dieu, montrerait comment l'antagonisme disparaît de cette perspective nouvelle, se transforme en appel. Et peut-être serait-il écouté car, sans lui demander plus qu'elle n'a à dire, il n'aurait à aucun moment, partout où elle a la parole, refusé ou méconnu les indications *d'une science pleinement positive*, fidèle à ses objets plus qu'à des méthodes préconçues. » [18]

Nous avons reproduit ce texte malgré son étendue, parce qu'il nous semble très significatif. Existe-t-il en effet un raccourci plus saisissant de la démarche même de Teilhard de Chardin ? L'œuvre de ce dernier ne peut-elle pas être considérée comme une réalisation partielle du *projet* de Mounier. Pourtant il s'agit d'idées qui sont propres à celui-ci et qui constituent une remarquable ébauche d'approfondissement de la métaphysique de la création.

Jean-Marie Domenach a raison de soutenir que le personnalisme de Mounier commence *avec* la personne et celui de Teilhard *avant* la personne. Mais s'il est vrai, comme il l'écrit, que « Teilhard s'installe d'emblée dans le cosmos : exception aberrante, ou bien témoin suprême d'une gigantesque transformation, fleur de la création cosmique... » [19], est-il tout à fait juste de sa part d'ajouter que « cette question ne semble guère intéresser Mounier... » ?

Fondateur de la revue et du mouvement *Esprit*, orienté par conséquent vers une certaine forme d'action, Mounier a été tout simplement porté à privilégier l'approche « existentielle » du personnalisme par rapport à une approche « physique ». S'il avait été moins accaparé par ses multiples tâches, sans doute aurait-il essayé d'être ce Platon moderne qu'il appelait de ses vœux. Peut-être alors sa pensée appuyée sur une armature conceptuelle plus rigoureuse que celle de Teilhard de Chardin aurait-elle été mieux accueillie à la fois par les philosophes et par les savants, tout en contribuant à assurer un lien étroit entre un personnalisme cosmique et une philosophie centrée sur la personne humaine.

Essayons maintenant de revenir au plan métaphysique où nous nous étions placés au début. Si le personnalisme ne peut pas s'appuyer sur une métaphysique de l'être, c'est qu'à la suite de la « découverte » du *temps* et de l'évolution, il n'est plus possible de concevoir *l'être* comme par le passé.

Assurément on ne peut pas passer sous silence que saint Thomas, à la suite d'Aristote, ait accordé une grande place au devenir et au temps. La conception aristotélicienne du temps est même l'une de celles, élaborées par des philosophes, qui se rapproche le plus de la conception scientifique moderne, en ce sens qu'Aristote, s'écartant du platonisme, délaissant les définitions métaphysiques, a voulu considérer le temps d'une façon physique et le lier au mouvement même des choses. Mais jamais il n'a pensé que le mouvement puisse avoir un effet sur les choses sinon dans le domaine des « accidents ». Le mouvement pour Aristote et saint Thomas est en quelque sorte une manière d'exister des êtres, inhérente à leur nature. En incluant le mouvement dans l'essence, le caractère mystérieux et troublant du devenir disparaissait, sans doute, mais l'essence restait stable, les transformations des êtres étant pour ainsi dire préfixées.

Au contraire, ce que la physique contemporaine nous apprend, c'est la grande dépendance du « mobile » à l'égard du « mouvement », ces deux réalités étant indissolublement liées et formant un couple naturel, la seconde étant susceptible de modifier très sensiblement la première. Si nous transposons cette vérité sur le plan métaphysique, nous ne pouvons plus parler d'*essence* des choses. « En cosmogenèse, « essence » devient genèse », a écrit Teilhard de

Chardin.[20] Par suite il n'est plus possible de maintenir cette notion d'être, prise dans son sens thomiste d'essence des choses et d'actualité de cette essence, comme la notion fondamentale.

Le tableau des êtres que présente le thomisme peut au contraire être maintenu. A l'époque où saint Thomas décrivait la nature, il ne pouvait évidemment pas penser à l'*évolution*, mais son tableau des êtres demeure quand même progressif. Si l'on passe de saint Thomas à Teilhard de Chardin, le tableau reste le même, comme l'indique Chauchard.[21] Ce qui est vue fixe chez le premier prend l'aspect d'un film chez le second qui, plutôt que de se placer sur le plan ontologique, recherche les traces de l'esprit au sein même de la matière informée.

Mais l'idée générale d'être ne semble guère avoir de consistance. Comme l'a montré Jean Wahl à la suite d'une longue étude critique[22], elle se révèle à l'examen vaine et vide. Les spéculations abstraites sur l'être doivent alors s'effacer pour laisser la place à un certain sentiment d'être, qui mériterait d'ailleurs d'être appelé autrement, « sentiment de parenté et de familiarité avec les choses », par exemple, « être-dans-le-monde si l'on n'insiste pas sur la signification intellectuelle du mot être ni sur la signification rationnelle du mot monde ».[23]

L'idée de création, elle, garde toute son importance. Dieu est Cause première, mais sa création est progressive. Suivant la formule bien connue, *Il fait se faire les choses*. La notion teilhardienne de *transformation créatrice*, si bien analysée par Madeleine Barthélémy-Madaule, éclaire très nettement le problème de l'efficacité des causes secondes, et tout en maintenant l'existence d'une Puissance créatrice première, rend parfaitement compte de l'évolution à laquelle est soumis l'ensemble du réel.

Il n'est pas nécessaire d'énumérer ici les divers éléments qu'elle intègre ni de commenter cette définition de l'être par l'union, présentée parfois par Teilhard, encore moins d'esquisser les grandes lignes de ce que pourrait être cette métaphysique de l'Union. L'objet de notre réflexion, c'est la notion de personne. Toutes les remarques précédentes nous semblaient nécessaires, mais elles sont également suffisantes pour nous permettre d'aborder maintenant le point de vue anthropologique.

2. *Matière et esprit : l'union de l'âme et du corps et l'individuation*

Malgré sa négation du primat de l'être, le personnalisme contemporain se rattache à la métaphysique médiévale pour laquelle, en définitive, ce qui importe le plus est le fait que tout s'y trouve suspendu à l'acte créateur de Dieu. Un certain écart se manifeste quand on aborde le plan de l'anthropologie, c'est-à-dire les problèmes de l'union de l'âme et du corps et de l'individuation, bref dès qu'il commence à être question principalement de l'homme. [24] Il ne s'agit pas d'une opposition au sujet de la nature religieuse de l'homme, être créé par Dieu et appelé à la résurrection et à une vie éternelle d'amour, mais des différences de structure métaphysique entre l'homme tel que peut le concevoir un personnaliste et l'homme chrétien traditionnel.

Ce sont des motifs d'ordre religieux qui ont guidé les grands philosophes du Moyen Age dans leurs divers essais pour arriver à une définition exacte et complète de l'homme : désir de sauvegarder à la fois l'immortalité de l'âme et la destinée future du corps, deux données de foi. On ne peut le leur reprocher. Indépendamment de ces motivations, ce qu'il faut examiner ce sont leurs idées sur l'homme qui se situent sur le plan métaphysique, et leur valeur.

Deux voies se présentaient à eux : l'une inaugurée par Platon et l'autre suivie par Aristote ; les deux ont été essayées et modifiées, la première par saint Augustin et la seconde par saint Thomas. Elles sont bien connues et nous ne nous attarderons pas trop à les présenter.

Nous rappellerons simplement les définitions proposées. Tout d'abord celle de saint Augustin. Celui-ci ne considère pas l'âme et le corps comme deux choses distinctes, car l'homme lui semble un, ni le corps comme une prison, ce qui serait disqualifier la création divine. Mais il affirme cette unité sans pouvoir la justifier et définit l'homme comme « une âme raisonnable, qui se sert d'un corps terrestre et mortel ». [25] Saint Thomas, lui, justifie l'unité et c'est pourquoi sa conception de l'homme peut paraître plus valable. L'Etre, qu'il définit comme l'acte même d'exister, lui permet de passer à la notion d'acte formel et de forme et par suite de distinguer entre les formes pures qui subsistent seules, les anges par exemple, et les formes substantielles qui ont besoin d'une matière ; l'âme humaine en est une et l'homme pourra être défini : « L'unité d'une âme qui substantialise son corps et du corps en qui cette âme subsiste ». [26] Ainsi, pour saint Thomas, l'homme n'est pas fait de deux substances, comme pour les platoniciens ; il est une substance complète qui doit pourtant toute sa substantialité à l'âme, *réalité existant par soi et qui permet au corps de subsister*.

La grande différence entre ces deux conceptions réside essentiellement dans le fait que dans la première l'unité semble être accidentelle : l'âme *se sert* du corps, alors que dans la seconde, l'union se présente comme nécessaire et absolument indispensable : l'âme *a besoin* du corps. Mais platoniciens et aristotéliciens, augustiniens et thomistes se trouvent d'accord sur une affirmation fondamentale, que nous pensons justement devoir mettre en question. Les uns croient à l'existence de *deux substances*, les autres nient qu'il en soit ainsi mais affirment l'existence de *deux éléments* distincts ou de *deux principes* différents. Assurément il n'est pas possible dans le langage courant d'éviter toute dualité et d'aller à contre-courant de traditions plus que séculaires. En ce qui concerne l'homme, il n'est pas possible de ne pas parler de son âme et de son corps. Mais en vérité la question se pose de savoir si l'homme a une âme, si l'homme a un corps. Ne faut-il pas plutôt dire de lui qu'il est *une âme vivante* ou *un corps animé*.

En utilisant de tels vocables, ne renouons-nous pas d'ailleurs avec une certaine tradition biblique ? Dans son *Essai sur la pensée hébraïque*, Claude Tresmontant a bien montré combien l'*Ancien et le Nouveau Testament* se trouvaient éloignés de toutes nos distinctions entre le corps et l'âme, la matière et l'esprit. Il n'existe même pas en hébreu de termes susceptibles d'être traduits par les mots matière et corps.[27]

De même la pensée grecque, jusqu'à une certaine époque, ignore la dichotomie corps-âme. Comme l'a montré Louis Graz,[28] « l'homme homérique » n'a pas d' « âme » ni non plus de « corps » ; il « trouve son identité dans ses *organes* : ces organes qui peuvent également signifier le moi sont aussi bien psychiques que corporels. La fixation du moi est commandée par la situation : s'il s'agit d'action, « moi » se dira « mes bras »... s'il s'agit de sentiments ou de passions, on trouvera θυμός (thymos). L'organe qui assimile les représentations et définit le comportement de la personne, c'est φρήν (phrèn) ; etc. ».[29] On ne peut parler de dualisme, il est question plutôt, comme le dit Graz, d' « une espèce de monisme tournant, l'unité personnelle étant toujours perçue fonctionnellement à partir de la situation ».[30]

Reconnaissons que nous nous référons à une pensée pré-philosophique. Mais est-ce un retour en arrière ? A propos de ce problème précis de la nature de l'homme, « âme et corps » ou « corps animé », ne conviendrait-il pas de se reporter à l'époque antérieure à celle où la métaphysique classique s'est engagée dans la voie du dualisme, en essayant cependant de prolonger cette pensée et de la traduire en termes philosophiques plus élaborés ?

Le refus d'opérer une distinction en l'homme entre son corps et son âme nous amène-t-il à rejeter également le dualisme encore plus fondamental matière-esprit ?

Précisons tout de suite que cette opposition matière-esprit ne se confond en aucune manière avec l'opposition chair-esprit. Les termes « esprit » des couples matière-esprit et chair-esprit ont des sens tout à fait différents. Dans le premier cas, esprit désigne la conscience ou la pensée de l'homme, la raison, l'intelligence et peut être traduit par le mot grec νοῦς ; dans le second cas, l'esprit c'est le πνεῦμα, le souffle de Dieu, la force, c'est l'état spirituel résultant de l'action de la grâce. Ce terme *pneuma* qui caractérisait nettement le matérialisme stoïcien a, par suite d'une véritable révolution sémantique, reçu une signification toute différente dans le christianisme.³¹ Il n'est pas nécessaire d'ajouter que les mots matière et chair ont eux aussi des significations bien distinctes.

On ne peut passer sous silence que le νοῦς grec a lui aussi une certaine portée religieuse. Mais le νοῦς, cette partie supérieure de l'âme, siège de la vie proprement intellectuelle, est tout au plus *ordonné* au divin, alors que le πνεῦμα chrétien suppose une *communication* de Dieu. Cela, le Père Festugière l'a bien montré dans son ouvrage : *L'Idéal religieux des grecs et l'Evangile* (Excursus B).³²

Nous ne pensons pas, cependant, qu'il faille accorder, comme le fait le Père Festugière, une grande importance à la division tripartite de l'homme, telle que la concevaient les Grecs et telle qu'elle apparaît dans l'Epitre aux Thessaloniciens (5, 23) : homme, νοῦς, ψυχή et σῶμα qui devient chez saint Paul πνεῦμα, ψυχή et σῶμα. La ψυχή grecque, âme sensible et sensitive, est un intermédiaire entre le corps (σῶμα) et le νοῦς, cette partie intellectuelle de l'âme. Chez saint Paul, la ψυχή (âme) n'est pas investie de plus de dignité que le σῶμα (corps) ; elle n'est nullement un intermédiaire entre le πνεῦμα et le σῶμα. L'âme et le corps sont, pour ainsi dire, du même côté : ψυχή et σῶμα constituent la σάρξ, c'est-à-dire la chair. Chez saint Paul l'âme et le corps sont charnels et doivent devenir ou ressusciter âme spirituelle, corps spirituel. Sans doute le mot corps est employé parfois à la place du mot chair ou les deux sont mis l'un à côté de l'autre, comme des synonymes, mais cela ne veut pas dire que pour saint Paul le corps seul est charnel ; l'âme l'est tout autant. Ce passage de l'Epitre aux Galates (5, 16) que nous allons citer est à cet égard très net : « Or je dis : laissez-vous mener par l'Esprit et vous ne risquerez pas de satisfaire la convoitise charnelle. Car la chair convoite contre l'esprit et l'esprit contre la chair ; il y a entre eux antagonisme, si bien que vous ne faites pas ce que vous voudriez. Mais si l'Esprit vous anime, vous n'êtes pas sous la loi. Or on sait bien tout ce que produit la chair : fornication, impureté, débauche, idolâtrie, magie, haines, discorde, jalousie, emportements, disputes, dissensions, scissions, sentiments d'envie, orgies, ripailles et choses semblables — et je vous préviens, comme je l'ai déjà fait que ceux qui commettent ces fautes-là n'hériteront pas du Royaume de Dieu ».

Toutes ces fautes, évidemment, ne sont pas les œuvres du corps seul, mais aussi, sinon principalement, de l'âme. La dichotomie paulinienne esprit-chair est beaucoup plus fondamentale que la trichotomie de la première Epître aux Thessaloniciens. Si saint Paul parle d'âme et de corps, c'est que dans le langage courant il est bien difficile de parler toujours de l'homme sans employer les mots d'âme et de corps. D'ailleurs cette division tripartite de l'Epître aux Thessaloniciens est unique chez saint Paul. C'est l'opposition esprit-chair qui apparaît partout ailleurs, par exemple dans l'Epître aux Romains (8, 1-17), la première aux Corinthiens (6, 5), l'Epître aux Galates (3, 2-3 ; 4, 29 ; 5, 16-26 ; 6, 8). Elle est inhérente au christianisme et les philosophes personnalistes, fidèles à la tradition paulinienne, se retrouvent pour la reconnaître et s'en servent pour définir l'homme.[33] « Si l'esprit désigne tout l'homme tel que la grâce le refait, la chair désigne tout l'homme tel que le péché l'a fait ».[34]

Par contre l'opposition matière-esprit doit être écartée. Certains philosophes personnalistes, Mounier et Berdiaeff par exemple, ont souvent affirmé la nécessité de refuser ce dualisme, mais ils n'ont jamais abordé directement cette question. On peut même se demander si Berdiaeff, si proche par endroits du spiritualisme et de l'idéalisme, n'accepte pas cette opposition.[35] Deux textes peuvent tendre à nous le faire croire. « La matière est impuissante, inerte, passive, écrit-il dans *Le Christianisme et la lutte des classes*, seul l'esprit est actif, il actionne les matérialistes qui refusent de le reconnaître. Rien n'est plus absurde que de fonder son actualisme sur une philosophie matérialiste. C'est l'être qui détermine la conscience et non pas la conscience l'être ; mais l'être est avant tout l'esprit et non la matière, celle-ci n'est qu'une construction de la conscience ».[36] Dans son *Essai d'autobiographie spirituelle*, le dualisme est encore plus net. « Je ne saurais me souvenir du premier cri poussé par moi à ma rencontre avec un monde étranger, pourtant, je suis certain, déclare Berdiaeff, que mon sentiment primordial fut celui d'une plongée dans un monde hostile ».[37] Par cette dernière expression, Berdiaeff ne cherche pas simplement à rappeler la distinction religieuse entre le monde d'ici-bas et la cité éternelle, comme semble le suggérer la suite immédiate de ce texte, car, plus loin, il ajoute : « J'étais loin de me sentir enraciné dans le terrestre : *la conception orphique des origines de l'âme, le sentiment d'une chute dans un monde inférieur m'étaient plus familiers* ».[38] Nous voyons ici la marque très nette de l'influence gnostique sur la pensée de Berdiaeff qui semble accepter le dualisme classique.

Citons enfin un autre passage, assez paradoxal et en fait peu clair où Berdiaeff établit une distinction entre le corps et la matière. « C'est une erreur que d'identifier le corps et la matière, écrit-il. Le corps humain, c'est au premier chef sa forme, non sa matière. La forme du corps ne se détermine pas par son composé matériel. D'une manière paradoxale on pourrait dire que le corps est esprit. J'aime la forme du corps, mais je n'aime pas sa matière qui est lourdeur et nécessité. La forme corporelle se rattache à la personne, elle est héritière de l'éternité. Mais la matière « chair et sang » ne l'est point ». [39] Qu'est-ce donc que cette forme du corps ? Est-ce l'âme, et en ce cas Berdiaeff accepterait-il en définitive la définition aristotélicienne et thomiste de l'âme, forme du corps, qu'il a souvent rejetée, ou cette forme du corps est-elle quelque chose d'autre ? En tout cas la distinction entre la matière et ce qui n'est pas matière, qui est forme ou esprit est bien nette.

Les deux ouvrages d'où sont extraits ces textes, *Le Christianisme et la lutte des classes* et *L'Essai d'autobiographie spirituelle* ne sont pas, il est vrai, des ouvrages proprement métaphysiques. Le premier est plutôt polémique (dans le meilleur sens) et par conséquent une œuvre de circonstance ; le second est une autobiographie. Malheureusement dans aucun de ses grands ouvrages métaphysiques, Berdiaeff ne s'applique à donner une définition de la matière. Dans *Esprit et Liberté* par exemple, il se contente d'affirmer que l'opposition entre l'esprit et la matière n'est pas l'opposition fondamentale.

Le point de vue de Mounier est tout autre. Jamais il n'a essayé d'établir une opposition entre l'âme et le corps, qui recouperait l'opposition matière-esprit, mais cette dernière opposition, on ne peut pas dire qu'il l'ait vraiment rejetée. Cela tient à la conception qu'il se faisait de la matière.

Dans ses premiers écrits, ce n'est d'ailleurs pas une, mais deux conceptions de la matière qu'il présente. Dans *Révolution personnaliste et communautaire*, en effet, l'opposition matière-esprit n'apparaît pas tout d'abord comme une opposition de nature, de plans nettement distincts, mais de tendances comme chez Bergson. La loi de la matière, c'est pour lui une loi de descente et de dégradation ; la matière est synonyme de facilité, d'éparpillement, d'impersonnel, de dispersion ; elle « ne signifie rien sinon la résistance constante, à chaque degré de spiritualité, de l'inférieur au supérieur et le conditionnement qui en résulte ». [40] L'esprit, lui, « assure la cohésion de l'Univers, parce que le principe n'en est ni dans les éléments anarchiques, ni dans une force imposée, mais dans l'aspiration qui attire l'ensemble et y répand une fraternité descendue des sommets ». [41] Mais, dans le même ouvrage, la matière est en maints endroits définie comme étant simplement le sensible concret, et à la vérité c'est là la véritable conception de Mounier, car la première disparaît complètement de ses ouvrages postérieurs. Cette matière, c'est la réalité physique, dépouillée de tout signe métaphysique ou religieux. Elle n'est pas une chose mauvaise et l'esprit, l'intellect, une chose bonne. Par elle-même, elle est, pour ainsi dire, neutre et se trouve investie même d'une certaine dignité, car elle a un rôle de médiation. « Sans la matière, notre élan spirituel s'égarerait dans le rêve ou dans l'angoisse : elle le courbe et l'entrave, mais il lui doit sa verdeur, et son bondissement ». [42] Il ne peut donc être question, pour Mounier, de la mépriser et de chercher à s'en évader, mais au contraire il faut tenter de la transfigurer. Et cette transfiguration, nous le verrons plus loin, c'est la spiritualisation opérée par le travail.

Rien n'interdit de donner à la matière ce sens purement physique, surtout si l'on ne cherche pas à se placer sur un plan métaphysique. Il suffit de le préciser clairement. Mounier, lui, se situe plus volontiers sur le plan éthique, qui n'exige pas une détermination rigoureuse de la matière. Le dualisme qu'il maintient n'a pas de conséquences sur le plan métaphysique et religieux.

La question que nous posons ici est de savoir si l'esprit et la matière forment deux réalités distinctes. En fait, il faut bien voir que si la matière est du sensible concret, inversement le sensible concret n'est pas forcément que matière. C'est pourquoi nous pensons nécessaire de rejeter tout à fait le dualisme matière-esprit ou tout au moins, puisqu'il est, par suite de la misère de notre langage, bien impossible de ne pas employer ces deux termes, de préciser la nature exacte de la dualité à maintenir.

Tout ce que nous avons dit précédemment sur le temps et l'évolution, sur l'importance de la notion de genèse, et de la loi teilhardienne de complexité/conscience suffit à indiquer quelle relation on pourrait concevoir entre la matière et l'esprit. L'esprit n'est pas distinct ni opposé à la matière ; au contraire il n'apparaît qu'à la suite d'une synthèse de la matière. Il apparaît..., ce qui ne signifie pas qu'il est produit.

Il ne serait en effet pas juste de croire que l'esprit commence à exister à partir d'un certain état de la matière. Il semble qu'il en soit ainsi, à nous dont l'expérience est limitée. Si l'esprit naissait véritablement à un certain moment de l'évolution, on serait fondé à considérer la matière comme constituant à elle seule tout le réel jusqu'à un certain stade. Nous serions alors acculés au dilemme suivant : ou rejeter tout dualisme et rejoindre le camp des monistes matérialistes qui considèrent l'esprit comme un épiphénomène, une « création » ou un produit de la matière, ou accepter le dualisme et avec les spiritualistes assigner à l'esprit une origine immédiate propre, divine ou autre, qui la rende distincte de la matière. La vérité, c'est que l'esprit constitue le cœur même de la matière et se trouve toujours indissolublement lié à elle. Il s'agit certes d'un *monisme*, mais *dialectique*, c'est-à-dire d'un monisme qui, pour reprendre une réflexion de Mikel Dufrenne, faite à propos d'un ouvrage de Sartre, « se propose comme un dualisme surmonté et fait droit aux deux termes en dépassant leur opposition. [43] Pour reprendre une expression teilhardienne, l'esprit constitue en quelque sorte le « dedans des choses ».

Cette expression, souvent mal comprise, a valu un certain nombre de critiques à son auteur. Pourtant celui-ci, en l'employant, n'a pas voulu procéder à une identification de l'inanimé et du vivant ? Il opère simplement une extension de la notion de conscience. Le Père de Lubac [44] a bien montré combien la plupart des reproches faits à Teilhard de Chardin à ce sujet tombaient à faux.

Que ces termes « dedans des choses » soient inadéquats et tendent à vider la notion de conscience de tout contenu intelligible, c'est possible. Ce que nous cherchons à présenter ici, c'est une conception très proche en définitive de certaines idées leibniziennes, à savoir, par exemple, qu'il n'y a pas de « substance » qui ne comprenne quelque chose d' « immatériel », et que la « vie » se trouve en quelque sorte répandue partout dans le monde jusque dans l'infiniment petit. Mais il faut ajouter qu'à l'inverse il n'existe pas de « substance » qui ne comprenne quelque chose de « matériel ».

Ainsi dans l'univers l'esprit et la matière existent toujours indissolublement unis, même si ce que nous appelons « esprit » n'apparaît qu'à partir d'une certaine complexité matérielle. Autour de nous il est impossible de trouver une matière qui ne serait que matière et à l'inverse un esprit qui ne serait qu'esprit.

Existe-t-il une pure matière ? La matière ne peut être conçue comme le matériau dont sont faites les choses. Elle ne se réduit pas à l'étendue comme le voulait Descartes. Est-ce l'énergie ? De nos jours, il devient de plus en plus difficile de la définir. L'esprit, lui, se confond-il avec la conscience humaine, est-ce la substance pensante ? En définitive matière et esprit constituent des idées très abstraites et correspondent à des points de vue différents sur une même donnée. Il n'y a qu'une réalité qui présente toujours deux aspects complémentaires, quel que soit le niveau où l'on se situe, celui du minéral, par exemple, ou celui de l'humain.

Reconnaissons qu'il n'y a aucune raison positive pour admettre que ce que nous affirmons est vrai. En fait nous nous trouvons ici en face de problèmes que la sagesse conseille d'écarter. Ne faut-il pas retenir la leçon de Kant et se refuser à aborder l'étude de certaines questions ontologiques, apparemment insolubles ? Certes oui, mais il est souvent difficile de ne pas chercher à s'interroger sur l'essence ou la nature dernière des choses.

De plus, dira-t-on, si l'on se situe sur un plan métaphysique, comment peut-on expliquer la liaison entre ces deux aspects ? Nous avouons ne trouver d'autre recours que d'introduire ici, malgré qu'elle débouche sur l'inconnaissable, la doctrine leibnizienne du *vinculum substantiale*, qui n'a pas été pendant longtemps prise au sérieux par les historiens de la philosophie, mais dont Maurice Blondel a souligné toute la portée. Elaborée pour établir les possibilités métaphysiques du dogme de la transubstantiation et pour rendre compte des ensembles organiques et de cette complexité des êtres, qui apparaît à quelque niveau du réel où l'on se situe, elle révèle l'existence d'un être transcendant. Celui-ci, comme l'écrit Blondel, « s'installe... d'emblée au sommet d'une hiérarchie qu'il actionne et maîtrise, et il est vraiment soutien efficace des parties parce qu'il est principe effectif du tout ».[45] De plus ce *vinculum* est plus qu'une nature physique, plus qu'une essence métaphysique ; « il est encore, sans préjudice de tout cela, l'aimant suprême qui attire et unit par en haut, étage par étage, la hiérarchie totale des êtres distincts et consolidés ».[46]

Qu'est-ce au juste que ce *vinculum* ? A la vérité on peut difficilement en saisir la nature. Résultant de l'action immédiate de Dieu, il est, comme l'a montré Yon Belaval[47], une relation réalisante et transcende par conséquent toute relation pensable. Il apparaît comme un mystère de la création, que l'homme, être créé, ne peut pénétrer. Se plaçant sur le plan métaphysique, Leibniz en a cependant montré la possibilité, fondant du coup un « réalisme spirituel », qui, à notre avis, mieux que le thomisme permet de dépasser les contradictions entre le spiritualisme et l'idéalisme d'une part, le matérialisme d'autre part.

La matière et l'esprit ne se séparent donc pas. Nous les distinguons nettement à cause de la pauvreté de notre langage et par besoin d'analyse. Il n'y a qu'une seule réalité qu'on pourrait appeler « esprit-matière », faute de mieux, et qui, au niveau de l'homme, se nommerait « corps animé » ou « âme vivante ». Cette unique réalité sera considérée par un chrétien comme prise entre deux tendances, l'une qui l'entraîne vers le bas, la chair, l'autre qui l'emporte vers le haut, l'esprit, celui-ci étant pris ici au sens de *pneuma*.

Nous ne cherchons pas à opposer systématiquement les anthropologies classiques, celle de saint Thomas en particulier, à une anthropologie de style personnaliste. L'anthropologie thomiste constitue peut-être la meilleure solution aux faux problèmes de l'union de l'âme et du corps et de l'individuation. On ne louera d'ailleurs jamais assez saint Thomas d'avoir, à la suite d'Aristote, maintenu fermement l'unité fondamentale de l'être humain.

Il nous semble également nécessaire de préciser que la distinction métaphysique de matière et de forme garde une certaine valeur. Le rejet de la définition thomiste de l'homme n'en diminue pas l'importance. Mais en présentant son tableau des êtres, saint Thomas, quand il arrive à l'homme, va plus loin que ne l'autorise la théorie de la matière et de la forme.

Tout être, vivant ou simplement matériel, est, selon lui, fait de deux principes que l'on peut distinguer sur le plan métaphysique mais qui sont indissolublement unis sur le plan des phénomènes : la matière et la forme. Quand, dans le thomisme, on passe du niveau de l'inanimé à celui du vivant et au monde humain, la complexification de structure révèle une progression d'information. [48] Cette notion d'ailleurs caractérise la nature telle que la conçoit saint Thomas : on y observe une organisation croissante du réel. Seulement ce qui est désigné sous le nom de forme au niveau du non vivant s'appelle, lorsque apparaît la vie, âme végétative, puis âme animale et enfin âme humaine.

C'est au niveau de l'homme que la difficulté apparaît, car pour saint Thomas l'âme humaine est plus que forme, elle a une individualité propre. L'argumentation thomiste est connue. L'homme exerce des activités, intellectuelles et volitives, qui sont d'ordre immatériel. Il existe donc en lui une réalité immatérielle, qui subsiste par soi et est immortelle : il s'agit de l'âme, forme particulière, créée par suite d'une intervention spéciale de Dieu. De l'observation d'un certain nombre de « phénomènes » saint Thomas passe ainsi à l'affirmation d'un « noumène ». Procédé dénoncé avec raison par Kant. De plus est-il vrai que ces activités soient purement immatérielles ? Ne peut-on tout aussi bien affirmer que l'homme pense et veut avec son corps ?

En fait deux façons de concevoir l'âme humaine sont possibles à partir de la théorie de la matière et de la forme. Chauchard, à la suite du biologiste R. Collin, les distingue très clairement dans son ouvrage, *La Maîtrise du comportement*. [49] On peut concevoir l'âme humaine ou ce que nous nommons ainsi, comme émergeant totalement de la matière, ce qui ne veut nullement dire, nous le répétons, qu'elle en soit un produit ni que l'homme soit incapable d'une destinée supra-terrestre. On peut au contraire considérer l'âme humaine comme ayant dès l'origine une existence métaphysique propre qui vient se manifester dans l'organisation humaine. C'est là le point de vue thomiste. Chauchard estime que la différence entre ces deux conceptions, qui tient à l'ambiguïté de la notion de création directe par Dieu de l'âme, n'est pas grande. Il a raison si l'on se place sur le plan de la foi, mais sur celui de la réflexion philosophique la différence nous semble importante. Les partisans de la seconde conception sont obligés de chercher à résoudre le problème de l'union de l'âme et du corps ; pour les tenants de la première il n'y a là qu'un faux problème.

Mais, diront peut-être certains, une telle manière de concevoir l'origine de « l'âme « ne contraint-elle pas à s'aligner sur les positions des matérialistes, contrairement à ce que nous avons affirmé précédemment. A notre avis, il n'en est rien.

Nous ne cherchons pas à présenter ici une quelconque « justification ». Nous essayons simplement de prévenir autant que possible les malentendus. Précisons tout de suite que le « matérialisme », c'est d'abord un mot et que ce mot ne doit pas faire peur malgré la charge explosive qu'il peut contenir. Il détient une valeur polémique, son emploi du point de vue de ceux qui en font usage, se justifiant fort bien. La philosophie marxiste, par exemple (laissons de côté le matérialisme mécaniste classique), est aussi une philosophie de combat et la défense du matérialisme, même du terme, fait partie de ce combat. Il faut pourtant bien voir ce qu'il recouvre.

A la vérité, il existe deux façons de concevoir le matérialisme et l'attitude d'un personnaliste ne peut être la même selon que l'on envisage l'une ou l'autre conception. Rien n'interdit aux marxistes, à Garaudy [50] par exemple, de considérer comme principe fondamental du matérialisme l'affirmation que la matière existe en dehors de notre conscience et qu'elle est une réalité objective. Mais on ne voit pas pourquoi l'on ne qualifierait pas également de matérialiste la philosophie thomiste, par exemple, qui n'a jamais prétendu autre chose. Partant du réel, saint Thomas ne s'est jamais demandé comment le rejoindre. Les problèmes qu'il pose, il les envisage toujours spontanément du point de vue de l'objet.

La séparation des philosophes en deux groupes antagonistes que fait Engels dans son ouvrage sur Ludwig Feuerbach est bien connue. Il y a, à son avis, « ceux qui affirmaient l'antériorité de l'esprit par rapport à la nature et admettaient ainsi, en dernière analyse, une création du monde, de quelque espèce que ce fût... ceux-là formaient le camp de l'idéalisme. Les autres, ceux qui considéraient la nature comme antérieure, appartenaient aux différentes écoles du matérialisme ». [51] On reste étonné devant une si grande méconnaissance de ce qu'est la philosophie chrétienne, thomiste ou autre. Le monde, pour le chrétien, est une création de Dieu et non de l'homme ; il peut donc considérer l'esprit de Dieu comme antérieur au monde mais la pensée de l'homme comme postérieure à la nature. Il nous paraît abusif de parler de « création du monde, de quelque espèce que ce fût... » Contrairement à l'idéaliste qui prétend que la nature est ce qu'en font les lois de l'esprit humain, le philosophe chrétien reconnaît que le monde créé constitue par rapport à l'homme un dehors auquel son esprit doit se soumettre s'il veut en connaître la nature.

Mais il existe une seconde façon de concevoir le matérialisme, qui en fait une doctrine opposée non seulement à la philosophie idéaliste mais également à l'essentiel de la pensée judéo-chrétienne. Le matérialisme se définit alors par un ensemble de thèses que les marxistes essaient de faire passer pour scientifiques mais qui forment une véritable métaphysique à laquelle le personnaliste comme tout philosophe chrétien ne peut souscrire. Marx et en particulier Engels les ont exposées à diverses reprises. Citons simplement ce texte d'Engels, si plein de confiance dans la puissance de la matière, véritable acte de foi en une matière pourvue de tous les attributs que d'autres accordent à Dieu.

« C'est dans un cycle éternel que la matière se meut : cycle qui certes n'accomplit sa révolution que dans des durées pour lesquelles notre année terrestre n'est pas une unité de mesure suffisante, cycle dans lequel l'heure du suprême développement, l'heure de la vie organique, et plus encore celle où vivent des êtres ayant conscience d'eux-mêmes et de la nature, est mesurée avec autant de parcimonie que l'espace dans lequel tout mode fini d'existence de la matière — fût-il soleil ou nébuleuse, animal singulier ou genre d'animaux, combinaison ou dissociation chimiques — est également transitoire et, *où il n'est rien d'éternel sinon la matière en éternel changement, en éternel mouvement*, et les lois selon lesquelles elle se meut et elle change. Mais, quelle que soit la fréquence et quelle que soit l'inexorable rigueur avec lesquelles ce cycle s'accomplit dans le temps et dans l'espace ; quel que soit le nombre des millions de soleils et de terres qui naissent et périssent ; si longtemps qu'il faille pour que, dans un système solaire, les conditions de la vie organique s'établissent, ne fût-ce que sur une seule planète, si innombrables les êtres organiques qui doivent d'abord apparaître et périr avant qu'il sorte de leur sein des animaux avec un cerveau capable de penser et qu'ils trouvent pour un court laps de temps des conditions propres à leur vie, pour être ensuite exterminés eux aussi sans merci, *nous avons la certitude que*, dans toutes ses transformations, *la matière reste éternellement la même*, qu'aucun de ses attributs ne peut jamais se perdre et que, par conséquent, si elle doit sur terre exterminer un jour, avec une nécessité d'airain, sa floraison suprême, l'esprit pensant, il faut avec la même nécessité que quelque part ailleurs et à une autre heure elle le reproduise ». [52]

Le monde ainsi n'a pas été créé ; infini, il est ontologiquement suffisant ; la matière est auto-créatrice, créatrice de tout le réel, indestructible, éternelle. Ce serait trop nous éloigner de notre sujet que d'aborder ici l'examen critique de ces thèses. [53] Contentons-nous de rappeler que la position que fait sienne le personnalisme est celle qui est énoncée dans la Bible et que les grands philosophes du Moyen Age ont exposée de façon rationnelle dans leurs œuvres. [54]

Un dernier problème mérite cependant d'être soulevé : celui de l'immortalité. Si l'âme est conçue comme émergeant totalement de la matière, peut-elle encore être considérée comme immortelle ?

Les philosophes personnalistes ont quelquefois médité sur la mort. [55] Se refusant à la considérer comme le terme suprême qui, comme tel, rendrait tout inutile ici-bas et entraînerait la ruine de tout projet personnel, ils ont essayé de montrer qu'en identifiant la mort à un anéantissement, la vie perdait par le fait même toute signification, que seule l'immortalité personnelle donnait un sens au monde et, qu'enfin, l'angoisse de la mort pouvait être surmontée par une authentique conversion. Mais ils n'ont pas abordé directement la question de l'union de l'âme et du corps. Aussi, les considérations qui vont suivre ne peuvent-elles être appuyées sur leur pensée ; elles ne sont d'ailleurs que simples suggestions, croyances personnelles différentes d'autres croyances et qui relèvent d'un domaine où l'argumentation rationnelle n'a pas prise. La croyance en l'immortalité oblige-t-elle à considérer l'homme comme le résultat de l'union d'une âme et d'un corps ? Pour que l'on puisse parler de brisure, de cassure au terme de la vie humaine, faut-il nécessairement postuler une dualité au départ ?

L'immortalité est en fait une *espérance*, fruit d'une expérience : celle du moi qui exige de survivre et n'accepte pas de disparaître (que de vérité dans ce mot de Spinoza : « Nous sentons, nous avons l'expérience que nous sommes éternels » !), celle du croyant qui a entendu la parole du Sage transfiguré, du Prophète inspiré ou du Verbe ressuscité. En effet, je sens, je crois que je **suis** immortel ; il est impossible que je ne le **sois pas**.

Dois-je pour autant croire et affirmer que j'ai reçu une âme à la naissance, qui, parce que âme, existant au départ et ayant une origine immédiate distincte de celle du corps, serait immortelle ? Au fond, le dogme de l'immortalité signifie que *l'homme a une destinée surnaturelle*, que tout n'est pas fini à la mort. Implique-t-il nécessairement l'existence en nous de l'âme telle qu'elle est conçue par les thomistes, [56] c'est-à-dire d'une réalité simple et immatérielle, créée directement par Dieu, qui subsiste par soi, tout en étant liée intimement au corps et constituant avec lui une seule et même substance ?

Il s'agit là de questions qui échappent à la raison. Personnellement, nous croyons que Dieu intervient directement, non pour créer une forme particulière, une âme, mais pour donner un *nom* à cet être qui va voir le jour, ce qui signifie qu'il l'appelle à réaliser une œuvre. En quelque sorte, il prend acte de cette nouvelle naissance et marque de son sceau cette nouvelle créature qui est

Fondements de l'anthropologie personnaliste 51

faite à son image. Et c'est sans doute parce que nous sommes marqués de ce sceau que nous sommes immortels.

Que Dieu veuille bien nous maintenir dans une forme de vie après la mort qui, ainsi, n'entraînerait pas une séparation mais provoquerait *un changement d'état*, cela constitue une croyance. Qu'on appelle âme ou autrement ce qui peut subsister de nous après la mort, en attendant la résurrection des « corps » (autre croyance, autre espérance), cela importe peu. En tout cas, l'immortalité n'est pas démontrable, elle demeure un pari.

L'homme n'est pas Matière, il n'est pas son corps ; l'homme n'est pas Esprit, il n'est pas son âme. Il n'est pas non plus comme le veulent les thomistes l'union substantielle d'une âme *et* d'un corps. Le fait qu'un homme se distingue des autres hommes n'est pas dû à la portion de matière dont est fait son corps, ni à l'existence en lui d'une âme créée ou non par Dieu. On ne peut pas non plus prétendre avec les thomistes que la matière est principe d'individuation, mais que c'est l'âme qui, aussitôt individualisée, est individuelle.

Le problème de l'individuation ne peut être résolu que si l'on se situe sur un plan biologique ou, au niveau de l'homme, biopsychologique.

Par quel processus l'individu se forme-t-il ? Comment sa personnalité se différencie-t-elle de celle des autres ? Quelle est l'origine de la perception que nous avons de notre individualité propre ? D'où vient ce sentiment que nous éprouvons tous de constituer une réalité irréductible à toute autre ? Quel est le fondement du moi ? Autant de questions qui se trouvent impliquées dans le problème de l'individuation. Ce n'est certes pas ce problème lui-même que nous avons à élucider ici, mais il nous paraît indispensable de commencer par une réflexion sur la notion d'individu avant de pouvoir aborder valablement celle de personne, qui nous intéresse spécialement.

NOTES DU CHAPITRE II

1. C'est pourquoi nous avons cru pouvoir dire, à la fin de l'introduction, que le personnalisme constituait en quelque sorte le « deuxième chapitre » de la philosophie chrétienne.
2. Saint Thomas, *Contra Gentiles*, III 1. Nous reproduisons ce texte tel qu'il a été traduit par Etienne Gilson dans *l'Esprit de la philosophie médévale*, p. 170, *op. cit.*
3. *L'Exode*, III, 14-13.
4. *Revue de l'histoire des religions*, janvier-mars 1952.
5. Par exemple l'*Essai de métaphysique eschatologique*, Paris, 1946 ; 2ᵉ partie : « Le problème de l'être et de l'existence »; *De l'esclavage et de la liberté de l'homme*, Paris, 1946 : chap. II. : « Etre et Liberté. L'homme esclave de l'être ».
6. P. Teilhard de Chardin, *Œuvres*, Paris, 1957, t. III, *La Vision du passé*, « Les fondements et le fond de l'Idée d'évolution », p. 182.
7. *Ibid.*
8. *Œuvres*, t. II, 1956, *L'Apparition de l'homme*, « La structure phylétique du groupe humain », p. 195.
9. *Cf.* à ce sujet, P. Chauchard, *La Foi du savant chrétien*, Paris, 1957.
10. *Œuvres*, t. V, 1959, *L'Avenir de l'homme*, « Réflexions sur le progrès », p. 89 ; *cf.* également *Le groupe zoologique humain*, Paris, 1956, p. 55 *sq.*
11. Paris, 1963.
12. J.M. Domenach, « Le personnalisme de Teilhard de Chardin », *Esprit*, mars 1963.
13. *Œuvres*, t. III.
14. R. Garaudy, *Perspectives de l'homme*, Paris, 1959, p. 159.
15. « Le destin spirituel du mouvement ouvrier : anarchie et personnalisme », repris dans *Liberté sous condition*, sous le titre « Anarchie et personnalisme », *Œuvres*, t. I.
16. Certains textes ronéotypés. *Cf.* M. Barthélémy-Madaule, « L'univers personnel d'Emmanuel Mounier et de Pierre Teilhard de Chardin », in *La personne et le drame humain chez Teilhard de Chardin*, Paris, 1967, Epilogue, p. 302-322. L'auteur précise qu'aucun document ne permet de faire une supposition quant à l'influence de l'un des deux philosophes sur l'autre et marque avec netteté les convergences entre les deux pensées.
17. *Œuvres*, t. I, note 37, p. 774, 909-910.
18. P. 706-707. Les passages soulignés ne le sont pas dans le texte.
19. *Op. cit.*, p. 342.
20. Lettre du 18 mai 1954..., citée par Claude Cuénot, *Pierre Teilhard de Chardin*, Paris, 1958, p. 430.
21. P. Chauchard, *La Création évolutive*, Paris, 1957.
22. J. Wahl, *Traité de métaphysique*, Paris, 1953.
23. *Ibid.*, p. 99.
24. Nous manifestons plutôt ici un désaccord personnel, car nous ne pouvons pas entraîner les philosophes personnalistes sur une voie qu'ils n'ont pas empruntée.
25. *De moribus ecclesiæ*, I, 27, 52. *Patr. lat.*, t. XXXII, col. 1332. Définition rappelée par Gilson dans *L'Esprit de la philosophie médiévale, op. cit.*, p. 180.

26. Définition thomiste de l'homme donnée par Gilson, *ibid.*, p. 193.
27. C. Tresmontant, *Essai sur la pensée hébraïque*, Paris, 1953, p. 53, 55, sq.
28. L. Graz, « L'Iliade et la personne », *Esprit*, septembre 1960, p. 1390-1403.
29. *Ibid.*, p. 1399.
30. *Ibid.*
31. *Cf.* G. Verbeke. *L'Evolution de la doctrine du pneuma du stoïcisme à saint Augustin*, Paris, 1945.
32. Librairie Lecoffre, Paris, 1932.
33. *Cf.* par exemple Emmanuel Mounier, *L'Affrontement chrétien, Œuvres*, t. III, p. 30 ; Nicolas Berdiaeff, *Esprit et liberté*, Paris, 1933, et particulièrement *Esprit et réalité*, chap. I, II, Paris, 1943.
34. Ces formules de J. Prat, in *La Théologie de saint Paul* sont citées par Mounier dans *L'Affrontement chrétien*, note 3, p. 30, 717.
35. Le mot « Esprit » figure dans le titre de certains ouvrages importants de Berdiaeff, et sa philosophie peut être appelée une philosophie de l'esprit, mais alors esprit est plutôt synonyme de πνεῦμα.
36. Paris, 1932, p. 27.
37. Paris, 1958, p. 15.
38. *Ibid.* Le passage souligné ne l'est pas dans le texte.
39. *Ibid.*, p. 217.
40. *Œuvres*, t. I, appendice 3, p. 853.
41. *Ibid.*, p. 174.
42. *Ibid.*, p. 158.
43. *Esprit*, avril 1961, p. 677.
44. H. de Lubac, *La Pensée religieuse du Père Teilhard de Chardin*, Paris, 1962. *Cf.* en particulier le chap. XV : « Un renversement de méthode ».
45. M. Blondel, *Une énigme historique : le « vinculum substantiale » d'après Leibniz et l'ébauche d'un réalisme supérieur*, Paris, 1930, p. 88.
46. *Ibid.*, p. 105.
47. Y Beleval, *Pour connaître la pensée de Leibniz*, Paris, 1952.
48. *Cf.* P. Chauchard, *La création évolutive, op. cit. ; L'Homme et la physiologie du cerveau*, Paris, 1958.
49. Paris, 1956 ; *cf.* en particulier p. 206.
50. R. Garaudy, *La théorie matérialiste de la connaissance*, Paris, 1953. *Cf.* en particulier l'introduction.
51. Texte cité par Garaudy, op. cit., p. 21. Nous ne savons pas si cette traduction est de Garaudy lui-même. Les Ed. Les Revues, Paris, 1930 ; Sociales, Paris, 1946 et Alfred Costes, Paris, 1952, donnent des traductions semblables. Une différence cependant : ces éditions n'emploient pas le terme d' « antériorité » mais parlent de « primat » de l'esprit, de « caractère primordial » ou de « primordialité ». Qu'il s'agisse d'antériorité ou de primat de l'esprit, notre critique est la même.
52. F. Engels, *Dialectique de la nature*, Paris, 1952, p. 45-46. Les passages soulignés ne le sont pas dans le texte.
53. Claude Tresmontant a bien souvent procédé à une critique de ces thèses. Nous renvoyons volontiers à ses ouvrages.
54. Il a déjà été question dans ce chapitre de ce qui fait l'essentiel de cette métaphysique de la création.
55. En particulier Landsberg. De cet auteur *cf.* par exemple, *Essai sur l'expérience de la mort*, Paris, 1951.
56. A la suite d'une conversation que j'ai eue avec mon frère, Jean, juste avant la parution de cet ouvrage, il m'est apparu qu'une autre interprétation de la pensée de saint Thomas pouvait être donnée. La question reste donc ouverte. J'espère pouvoir revenir, un jour, sur ce sujet.

CHAPITRE III

Individu et conscience de soi

La notion d'individu n'est pas synonyme de celle d'être humain. Un individu, c'est tout réel donné dans l'expérience, formant une unité et présentant certains caractères propres qui en assurent la permanence malgré les changements qui peuvent intervenir. Les animaux, les plantes sont des individus.

Certes, sur le plan biologique, cette notion comporte une grande ambiguïté : il suffit d'évoquer le phénomène de scissiparité ou de reproduction asexuée. Dans ses écrits, Raymond Ruyer a souvent insisté sur son caractère flottant. Elle demeure néanmoins une convention utile et légitime ; [1] elle s'impose même dès que nous prenons en considération les animaux supérieurs et l'homme, c'est-à-dire dès que nous pénétrons dans un domaine où apparaissent nettement certaines caractéristiques fondamentales : solidarité physiologique et indivisibilité des parties, dérivation de l'œuf. Nous laisserons cependant de côté toute considération d'ordre général, car ce n'est pas la notion d'individu qui nous intéresse, mais celle d'individu humain.

1. Les facteurs constitutifs de l'individualité

On peut parler d'individu humain dès qu'a pris naissance la cellule primitive, synthèse originale des caractères propres à chacun des deux parents. Un développement progressif fera apparaître les différents organes, mais ce n'est pas l'homme fait qui mérite d'être appelé individu. Dès l'origine, il y a un fonctionnement d'ensemble, une présence au monde, et l'homme tout entier est inclus dans l'œuf.

Ce n'est pas sur une partie, même privilégiée, de l'être que se fonde l'individualité. Le cœur, les poumons et bien d'autres organes sont d'une extrême importance, mais aucun d'entre eux n'est le siège de l'individualité, même pas le cerveau dont le rôle est pourtant capital ; ce qui a fait l'homme ce qu'il est, c'est l'apparition progressive de son grand cerveau ; ce qui fait un homme ce qu'il est, c'est également la maturation progressive de son système nerveux ; mais la présence du cerveau, si elle est nécessaire, n'est pas suffisante : que serait une tête maintenue artificiellement en vie loin du corps ? Diviser un être vivant, c'est le détruire ; pour qu'un individu subsiste, il faut qu'à tout moment soit assurée la coordination des différentes fonctions de l'organisme.

Le fondement de l'individualité est en réalité double. C'est d'abord le chimisme propre à l'œuf qui va assurer la parenté de cellules de plus en plus nombreuses et spécialisées ; c'est ensuite et surtout l'intégration unificatrice assurée par le double fonctionnement nerveux et humoral ; une corrélation s'établit entre les sécrétions internes des glandes endocrines et l'activité du système sympathique pour régler tous les automatismes organiques. L'harmonie d'ensemble ainsi obtenue se trouve alors contrôlée par le système nerveux supérieur qui permettra la prise de conscience et la maîtrise du comportement. [2]

Mounier note bien dans son *Traité du caractère*,[3] comment les variations endocriniennes et sympathiques s'inscrivent sur le registre psychologique. Elles impriment à la personnalité son orientation de base et à cause d'elles la volonté reste parfois impuissante à provoquer des excitations ou à favoriser des inhibitions. Aussi toute une politique de l'ambiance, comme le dit Mounier, s'impose pour, sinon contredire, du moins corriger les excès ou les faiblesses de notre nature physiologique : alimentation, repos, climat sont des éléments parmi beaucoup d'autres qui doivent être bien dosés pour former une hygiène rigoureuse et individualisée. Une éducation complète doit pouvoir intégrer une médecine des tempéraments, étant entendu que le tempérament est l'ensemble des traits généraux qui caractérisent notre *constitution physiologique*.

Un tempérament peut être très proche d'un autre ; communément, on les ramène même tous à des types qui n'ont au fond guère varié depuis Hippocrate : le sanguin, le flegmatique, le bilieux et le nerveux sont les quatre types purs, que l'on considère comme plus ou moins mélangés dans la réalité, chacun ayant tendance à prédominer chez un être. La personnalité, elle, c'est-à-dire la manière d'être globale, propre à chaque individu,[4] est plus rebelle aux tentatives de typologie. Plus important que le tempérament, *un autre facteur*, dont l'influence demeure extrêmement variable, intervient pour la constituer : *le milieu*, milieu naturel mais aussi milieu humain, à la fois culturel et social.

Jamais l'individu ne constitue un type, avec une constitution et des aptitudes définitives ; le monde avec lequel il se trouve sans cesse en rapport n'est pas immobile ; il varie, se développe, évolue. Pour s'adapter à ce monde qui change, l'individu doit lui aussi changer. Il convient d'insister sur l'importance biologique de ce processus d'adaptation grâce auquel s'opère continuellement l'ajustement de l'organisme aux conditions fluctuantes du milieu qui l'entoure. Les travaux de Pavlov ont vérifié de façon éclatante cette thèse fondamentale de l'unité de l'être vivant et de ses conditions de vie.

Il ne saurait être question d'en présenter ici un véritable exposé ; [5] nous en retiendrons juste quelques aspects, ce qui est indispensable à notre étude. La dépendance vis-à-vis des conditions extérieures dans laquelle se trouve l'organisme ne doit pas laisser croire à une passivité. Celui-ci réagit et sa réponse à l'action du milieu extérieur, c'est le réflexe, sorte de synthèse qui unifie une sensation et un comportement et lie par conséquent l'être biologique (l'individu) et la réalité ambiante.

La distinction de Pavlov entre les réflexes inconditionnés et les réflexes conditionnés est bien connue. Les premiers, innés, sont des réponses directes de l'organisme à l'action du milieu extérieur : les seconds, acquis par l'individu au cours de sa vie, sont des réponses indirectes, nécessitant la présence d'un intermédiaire, sorte d'excitateur ou de signal. La fonction de signalisation peut être remplie par un objet matériel ou un groupe d'objets ou simplement par certains de leurs aspects ; il s'agit alors du premier système de signalisation commun aux animaux et aux hommes ; c'est la partie la plus connue des travaux de Pavlov, mais non la plus importante. La signalisation, en effet, peut être faite par autre chose qu'un objet matériel ; au niveau de l'homme ; elle peut être remplie par les mots, ces « signaux de signaux » qui condensent en un signal unique les différents signaux issus d'un ou de plusieurs objets matériels. Ce second système que constitue le langage et qui est apparu par suite du besoin et de la nécessité qu'avaient les hommes de communiquer entre eux rend en quelque sorte ces derniers maîtres de la réalité.

Une telle conception souligne bien la différence essentielle, de nature et pas seulement de degré, qui existe entre l'animal et l'homme. Celui-ci a pu franchir une étape décisive et faire du milieu proprement et exclusivement naturel ce milieu « artificiel » qu'est la société. Celle-ci, source de son originalité, exerce sur lui une influence déterminante.

L'importance du facteur social ne saurait en effet être sous-estimée. Ce qui fait un individu tel ou tel, c'est le milieu dans lequel il a grandi, ce sont les diverses conditions de vie. Celles-ci commencent à influer dès avant la naissance par l'intermédiaire

Individu et conscience de soi

des possibilités d'hygiène de la grossesse ; elles sont encore plus déterminantes quand se fait la maturation du cerveau : le nouveau-né devient véritablement un être humain sous l'influence du langage et de ces formes supérieures de langage que sont l'éducation et la culture. Que reste-il d'un homme si nous le dépouillons de tout ce qu'il a reçu de la société ? Une conscience humaine vierge de toute influence sociale est inconcevable. Longtemps avant les psychologues et sociologues contemporains, Rousseau avait nettement montré que l'homme à qui on enlèverait tout ce qu'il doit à la société serait un être réduit à la sensation et très proche de l'animal.

Aussi est-il bien impossible de considérer un individu indépendamment de sa situation sociale, de son appartenance à une famille, à une classe, de son insertion au sein d'un peuple, d'une culture. Dans *L'Ame primitive*,[6] Levy-Bruhl indique comment l'individualité des êtres varie en fonction du type de société dans lequel ils vivent, esquissant ainsi à grands traits les contours de cette notion de *personnalité de base*, qui sera élaborée aux Etats-Unis par Linton et Kardiner et dont Mikel Dufrenne [7] présentera, en France, une analyse précise et détaillée.[8]

Appartenant à une société globale, l'individu se trouve plus directement intégré dans des groupements particuliers. Il est véritablement formé par les divers groupes auxquels il a appartenu et appartient. Et quand il adhère à un groupe nouveau, il s'en trouve également transformé. En tant que membre du groupe, il apparaît comme fondu dans l'ensemble qui a une conscience propre et une existence distincte de celle de ses membres et des autres groupes. Le groupe pense, sent et agit autrement que ne le ferait chacun de ses membres pris individuellement. L'interpénétration des consciences provoque l'apparition d'un être psychique nouveau et original. C'est pourquoi l'on peut et l'on doit parler, à la suite de Durkheim,[9] d'une conscience collective distincte des consciences individuelles.

Il faut préciser, comme ce dernier l'a fait d'ailleurs, qu'il n'existe pas une mais diverses consciences collectives, étant donné que l'individu ne fait pas partie d'une seule société mais appartient à un grand nombre de groupes. Aussi la *fusion* dans les groupes varie-t-elle selon la nature de ceux-ci, et dans un même groupe suivant les circonstances. Entre l'anonymat et la communion, il existe toute une gamme de liens possibles exprimant la fusion entre des individus.

Mais cette fusion, qu'elle soit partielle ou quasi totale, s'accompagne toujours d'un processus d'*opposition*, qui ne signifie pas nécessairement lutte et conflit, mais qui exprime une certaine irréductibilité des êtres humains. L'homogénéité d'un groupe n'efface pas l'hétérogénéité de ses membres. Croire à une absorption totale des individus par le groupe conduit à en faire des choses, des objets informes et juxtaposés, dépourvus d'originalité et de toute intériorité.

Il est aussi vain de vouloir réduire le groupe à la somme des individus qui le composent que de vouloir réduire la personnalité de chacun à celle du groupe auquel il appartient. Le couple individu-société forme une réalité complexe qui ne souffre pas d'être décomposée, sinon nous sommes amenés à poser des antinomies, impossibles à concilier. Si l'une des deux réalités est affirmée comme l'Absolu, l'autre, du fait même, se trouve niée dans son originalité et, en quelque sorte, éliminée.

Les écrits de Roger Bastide [10] et de Georges Gurvitch [11] nous permettent d'écarter définitivement toute opposition tranchée entre l'individuel et le social et nous invitent à considérer l'individu comme une sorte d'agent fonctionnel et dynamique, en ce sens qu'il participe à la constitution du tout qui l'engendre. Le principe de la réciprocité des perspectives, par exemple, mis en évidence par Gurvitch, montre qu'il existe une réelle interpénétration entre les consciences individuelles et collectives. Nous sommes dans les consciences collectives et celles-ci sont en nous. Nous trouvons le social jusque dans les profondeurs de notre être et notre moi ne ressent aucune pression quand il prend part d'une manière très intense à une activité ou à une manifestation de la vie du groupe. Nous comprenons ainsi pourquoi une certaine ambivalence caractérise l'expérience que nous avons de notre insertion dans le social.

Si nous nous plaçons sur le plan de la psychologie génétique, ce double processus de fusion et d'opposition se révèle dans toute sa clarté. Le petit enfant, en effet, ne se trouve pas totalement fondu dans le groupe familial. Certes, pendant de longs mois, il n'opère aucune discrimination entre son milieu de vie et lui-même. Henri Wallon [12] a bien décrit cette participation affective par laquelle débute l'enfant et les diverses étapes du progrès qu'il effectue et qui le fait passer de cette indifférenciation première à un « syncrétisme différencié ». Mais son « moi » émerge vite et entre lui et les autres s'opère une dissociation qui devient extrêmement nette, dès qu'il arrive à dire « je ». Solidaire de son entourage, il reste fondu dans le milieu environnant, mais peu à peu il s'individualise grâce à la confrontation qu'il opère entre les divers *personnages* auxquels il s'identifie ou qu'il incarne. Les multiples *rôles* qu'il tient, [13] simultanément ou successivement, soit réellement soit dans ses jeux, l'aident à aménager sa personnalité qui, finalement, se constitue par opposition à tous ceux qui ne sont pas ses parents, mais à ces derniers également. Son individualité se définit par un *ensemble de rôles* et, par-delà ce système de relations et de comportements, par la *conscience* qu'il prend de lui-même et qui va lui permettre de contribuer à l'identification de son être.

L'individu n'est donc pas un simple lieu de rencontre de multiples coordonnées d'origine sociale. Le milieu exerce sur lui une influence déterminante, plus grande peut-être que celle de l'hérédité. Mais ces deux facteurs pris ensemble ne suffisent pas, comme l'a si bien montré Zazzo dans son important ouvrage sur les jumeaux,[14] à rendre compte de la formation d'une personnalité. Une étude complète de ce que recouvre la notion d'individu doit pouvoir déceler, à côté du tempérament, de la constitution ou de l'hérédité d'une part, du milieu d'autre part, l'intervention d'un troisième facteur, dont le rôle est capital, *la prise de conscience individuelle*. L'individu est un sujet conscient que sa conscience va rendre maître de soi, lui permettant ainsi d'être présent à l'action et d'agir sur elle, par suite de grandir et de s'achever par lui-même.

Parler de sujet n'est pas faire retour au psychologisme ou au subjectivisme classique. Aucune existence ne peut être ramenée à celle du sujet. Ce dernier coexiste avec les choses et avec les autres sujets. Ce terme recouvre d'ailleurs une réalité ayant une base tout à fait matérielle. Ce qui conditionne en effet la conscience c'est la réalité corporelle.

Le thème du corps propre a donné lieu à de multiples analyses philosophiques, dont les plus connues sont peut-être celles de Gabriel Marcel et de Maurice Merleau-Ponty. Ce n'est pas sur leurs observations qui s'insèrent, en particulier pour le second, dans une théorie de la perception, que nous nous appuierons ici.

L'importance du corps dans la genèse de la personnalité, dans l'acte de prise de conscience de soi, et comme principe même d'individuation, a été mise en relief par des branches très diverses des sciences humaines. Pour Durkheim, par exemple, le facteur corporel constitue un principe de différenciation très important. On sait combien cet auteur tient l'individu pour un produit de la société. Mais le sociologue bute vite contre des personnalités séparées et nullement interchangeables. Il est donc conduit à rechercher un principe d'individuation susceptible de fragmenter la conscience collective. Ce rôle, selon Durkheim, est joué par le corps. « Comme les corps, écrit-il, sont distincts les uns des autres, comme ils occupent des points différents du temps et de l'espace, chacun d'eux constitue un milieu spécial où les représentations collectives viennent se réfracter et se colorer différemment. Il en résulte que, si toutes les consciences engagées dans ces corps ont vue sur le même monde, à savoir que le monde d'idées et de sentiments qui font l'unité morale du groupe, elles ne le voient pas toutes sous le même angle ; chacune l'exprime à sa façon. »[15] L'analogie est grande entre cette conception et la théorie leibnizienne des monades, celles-ci, quoique reflet d'une conscience universelle, étant des centres autonomes et personnels, à cause de la perspective propre qu'elles ont chacune sur le monde. Durkheim fait lui-même ce rapprochement avec Leibniz. Son originalité tient à ce que pour lui la source de cette différenciation réside dans la réalité corporelle.

L'observation ethnologique confirme, semble-t-il, l'intuition durkheimienne. Maurice Leenhardt [16] a bien montré que ce que la civilisation occidentale a apporté aux Mélanésiens, avec lesquels il a longtemps vécu et qu'il a pendant longtemps observés, ce n'est pas la notion d'esprit, comme il l'avait lui-même pensé un certain temps, mais celle du corps. Le Mélanésien, en effet, est resté pendant des millénaires (la remarque vaut également pour d'autres peuples) fondu dans son groupe et le monde physique environnant, sans avoir une conscience claire de lui-même et de son autonomie, parce que lui faisait défaut une représentation nette du corps. Son moi se définissait par les relations entretenues avec les autres, sans que s'opère la jonction entre ce moi et son corps. Aussi comprenons-nous facilement le comportement de cet homme, signalé par Leenhardt, qui n'a pas l'idée de se défendre d'avoir, pendant son sommeil, volé dans un village lointain et qui se laisse condamner. Si le moi n'est pas lié à l'organisme, ne peut-il pas errer partout loin de lui ?

Qu'est-ce donc que le corps pour le Mélanésien ? C'est tout simplement un soutien, un support, sur lequel s'appuie la *vie*. Comme l'indique Leenhardt, une représentation pour être entière nécessite l'existence d'un contenu. Or le Mélanésien n'arrive pas à accorder au corps un contenu clair et précis. Il n'établit aucune délimitation stricte entre l'organisme et le monde environnant ; il se connaît en quelque sorte par l'intermédiaire de la nature qui l'entoure ; il ne peut détacher son corps d'elle. L'arbre, par exemple, et le corps humain se trouvent constitués par une substance identique. Entre tel tronc de la forêt d'où est sorti l'ancêtre et lui-même, quelle parenté profonde ! Ainsi comme le Mélanésien ne sait pas que son corps constitue un élément qui lui appartient en propre, il ne peut pas le détacher du milieu naturel, social, mythique. Il lui est impossible de le considérer comme l'un des éléments de l'individu. L'abîme qui le sépare de la notion de corps propre sera franchi quand, sous l'influence de certaines institutions introduites de l'extérieur, l'école par exemple, il accèdera à un mode de pensée rationnel et qu'une connaissance objective des êtres et des choses tendra à se substituer à une connaissance affective du monde.

Pour mieux cerner l'importance de cette réalité corporelle dans le processus d'individuation, il convient cependant de passer du niveau du global où se situent le sociologue et l'ethnologue à celui de l'individuel. Si nous opérons ce déplacement et changeons de perspective, le phénomène sera saisi dans sa genèse même. Deux disciplines, la neuro-physiologie et la psychologie de l'enfant nous apportent ici des observations complémentaires, qui projettent une assez vive lumière sur ce processus de prise de conscience de soi.

Il y a longtemps que l'existence d'un certain sens de notre corporalité s'est imposée à l'attention des biologistes. Mais c'est à partir du début du 20e siècle qu'a été étudié d'une manière précise ce que certains ont appelé l'image spatiale du corps ou le schéma corporel et que Jean Lhermitte a nommé l'image de notre corps. Peu à peu s'est trouvé mis en évidence un ensemble de faits, à savoir « que chacun de nous possède, effleurant au seuil de sa conscience une image, un schéma tridimensionnel de son corps ; que ce schéma essentiellement plastique doit être entendu comme tout l'opposé d'une image statique, car le passé y inscrit sans répit des traits nouveaux ; que c'est grâce à l'existence de cette image de notre corps qu'il nous est possible de sentir, de percevoir, enfin de développer notre action sur nous-mêmes et le monde qui nous entoure ». [17] Dissociant très nettement cette notion de celle de cénesthésie, jugée incertaine et dépourvue de toute rigueur scientifique, puisqu'elle désigne une impression générale, un vague sentiment d'où est absente cette donnée fondamentale du sens de l'espace, Lhermitte définira cette image corporelle comme étant une *présentation* et une *représentation*, c'est-à-dire à la fois une perception liée aux excitations proprio, intéro et extéroceptives et une image souvenir. A sa suite d'autres neurologues, tels H. Hécaen et J. de Ajuriaguerra, étudieront les transformations et les altérations dont cette image peut être l'objet. [18]

Il n'est pas nécessaire, pensons-nous, de reprendre ici leurs analyses. Ce qu'il importe de souligner, c'est qu'un certain nombre de structures nerveuses sous-tendent cette image corporelle, et c'est pour avoir négligé celles-ci que Pavlov n'est pas parvenu en définitive à présenter une vue de la dynamique cérébrale vraiment satisfaisante. Paul Chauchard qui, dans divers écrits, nous donne de ces structures un aperçu à la fois synthétique et clair et qui intègre en général ses exposés dans une vision pavlovienne de l'ensemble de l'activité corticale, souligne à maintes reprises les lacunes du pavlovisme sur ce point.

Pavlov, en effet, s'est toujours refusé à introduire dans ses travaux le terme de conscience, jugé par lui trop métaphysique. Ses disciples y sont maintenant moins hostiles : la psychologie et la pédagogie soviétiques reconnaissent de plus en plus une certaine réalité à la conscience ; mais celle-ci n'est pas encore saisie par eux dans toute son originalité. La conscience est, pour tout marxiste, un produit de la vie sociale, ce qui dans une certaine mesure reste vrai ; mais ce social, comme l'indique Chauchard, exerce son influence parce qu'il existe en l'homme une aptitude cérébrale à la conscience.

Ce que Pavlov n'a pas bien vu ou tout au moins ce à quoi il n'a pas suffisamment accordé d'importance, c'est que le cerveau reflète à la fois *le monde extérieur et le monde intérieur corporel*. Le tort de la neuro-physiologie trop analytique est de mettre sur le même plan les diverses structures élémentaires du cerveau, les multiples schèmes fluctuants qui s'y forment sans cesse. « En réalité, écrit Chauchard, il est une structure subjectifiante qui va mettre l'individu au cœur de sa pensée et de son action. Quoi que nous pensions et fassions, il existe dans notre cerveau un ensemble de sensations correspondant à notre corps, à sa séparation d'avec le monde extérieur, la position de ses segments, elles proviennent essentiellement du sens musculaire, de la sensibilité cutanée, du sens vestibulaire de la position et des mouvements de la tête, etc. Leur coordination dans les structurations de la zone pariétale donne naissance à ce qu'on appelle *l'image du corps* qui elle aussi acquiert son autonomie ; il n'est plus besoin de sensations actuelles, le souvenir du moi passé suffit à authentifier cette présence... » [19]

Cette image du corps constitue une sorte de charnière ; c'est un processus à la fois cérébral et psychologique, c'est le moi élémentaire sur lequel se greffera le moi humain. On ne saurait sous-estimer l'importance de cette architecture du moi. « Quand on envisage un processus cortical quelconque, il ne faut pas le considérer comme isolé dans l'écorce, mais voir qu'il coexiste toujours avec d'autres et spécialement avec l'image corporelle. Cette coexistence va ou non permettre une intégration nouvelle : si le schème particulier reste à l'écart de l'image du moi il sera inconscient, s'il s'y intègre il sera conscient. Oublier de considérer le fonctionnement cérébral dans son ensemble conduit à négliger ce phénomène capital qui fait apparaître au-dessus du détail des schèmes un processus cérébral de personnalisation ». [20]

La prise de conscience est ainsi rendue possible par suite de l'existence de cette structure cérébrale particulière qui sous-tend l'image du corps. Mais cette présence neurologique du sujet dans son cerveau qui est effective également pour certains animaux, produit son plein effet chez l'homme. De même que la réalité extérieure est verbalisée, de même le monde intérieur va lui aussi s'objectifier, se verbaliser. L'image du corps devient en quelque sorte le sujet de nos pensées, le sujet de nos actions, il devient le *moi* et plus précisément le *je*. « Cette sensation de dédoublement que nous éprouvons dans l'introspection entre un sujet qui pense et ce qu'il pense, et qui est à la base de la conscience réfléchie humaine, est rendue possible par cette dualité entre la structure intégrative cérébrale globale du « je » et les structures particulières correspondant aux pensées et aux actions ». [21]

Il est intéressant de constater combien la neurophysiologie moderne confirme certaines analyses psychologiques de Maine de Biran. Il n'est pas nécessaire de rappeler que pour Biran, la conscience se définit par l'effort et que le mouvement en est en quelque sorte l'instrument. « Un enfant qui naîtrait paralysé de tout son corps pour le mouvement, écrit-il... fût-il doué de la faculté de sentir au plus haut degré, n'aurait qu'une sorte d'existence absolue purement affective ; que, n'ayant point l'idée ou la connaissance de son corps, il n'aurait pas non plus l'aperception intime du *moi*, et ne pourrait s'élever comme être purement sentant au rang de personne individuelle ». [22] Pour Maine de Biran comme pour les neurophysiologistes contemporains, la conscience est la sensation d'un acte neuromoteur ou psychomoteur ; hors de cet acte, il n'y a pas de conscience, il n'y a pas d'intuition du moi par lui-même. Le moi est tout entier dans le geste.

Il n'est pas non plus nécessaire de rappeler longuement que c'est à cause de l'importance du corps que Biran considère comme impossible le doute cartésien, qui suppose l'anéantissement du corps au moment où la pensée subsiste. La pensée, en fait, est anéantie en même temps que le corps, car le je qui pense n'est autre que la verbalisation de l'image du corps. Comme l'écrit encore Chauchard, « la pensée n'est pas un processus spécial, mais résulte des associations neuroniques cérébrales intégrées dans l'image du corps qui les maîtrise. Psychisme et conscience étant ainsi une production de l'écorce cérébrale consistant en une maîtrise des mécanismes nerveux, on comprend que ce psychisme qui est émergence du cérébral soit capable de commander ce cérébral absolument comme s'il en était indépendant ; il s'agit d'une émergence de qualités nouvelles, mais dans une transcendance qui reste immanente... » [23]

C'est ici qu'il convient de faire appel à la psychologie génétique, dont les observations, complémentaires de celles de la neurologie, éclairent bien ce processus d'individualisation, qui s'effectue par l'intermédiaire de notre corps. Le fait que l'organisme se présente comme une unité n'entraîne pas d'emblée l'identification du corps. Il serait erroné de croire que cette image apparaisse spontanément chez l'enfant, qu'elle se développe et se forme d'une manière autonome. « La notion du corps propre, précise Wallon, ne se constitue pas comme un compartiment clos ». [24] Elle se révèle étroitement solidaire de la représentation du corps d'autrui. Le petit enfant vit en quelque sorte son corps dans le corps d'autrui et c'est progressivement que la perception nette de son être physique se détachera de la confusion initiale. Un des thèmes majeurs de l'œuvre de Wallon nous semble être cette importance d'autrui, dont la fonction de médiation se révèle capitale.

De son côté René Zazzo a bien analysé le processus par lequel l'enfant parvient à une reconnaissance de soi. Le corps est perçu de l'extérieur par les autres et c'est par l'intermédiaire des autres que l'enfant finit par le percevoir lui-même. Etablissant une comparaison entre ces divers types d'images : spéculaire, photographique et cinématographique, Zazzo montre comment dans les trois cas la reconnaissance de soi suit de loin celle d'autrui. [25]

Cinq étapes principales jalonnent de la naissance à trois ans cette évolution vers l'identification de soi : l'enfant ne réagit pas ; il regarde l'image d'autrui mais pas la sienne ; il se retourne de l'image vers la personne et il commence à s'intéresser à sa propre image ; dans une quatrième phase il s'intéresse surtout à son image ; enfin il présente des réactions de désarroi puis de reconnaissance explicite.

En rapprochant ces attitudes de certaines réactions verbales, Zazzo note une double coïncidence : l'enfant s'identifie dans le miroir à l'époque où il commence à s'appeler par son *nom* (ou si l'on préfère son prénom), qui est en quelque sorte « une forme extérieure, objectivée, socialisée de son moi » ; [26] il se reconnaît sur la photo et sur l'écran au moment où débute la période d'emploi exclusif du *moi*. Ainsi, « par la façon dont l'enfant réagit à l'image de son corps, le miroir, écrit Zazzo, nous révèle... les origines mêmes de la conscience, *l'image du corps étant essentiellement conscience de soi*. Image inexistante. Image confondue dans une situation globale. Premier désarroi, première timidité : image déroutante. Image identifiée par le nom. Et plus tard enfin, pour l'adulte normal, image sans matérialité mais d'autant plus fidèle ». [27]

La conscience apparaît en définitive comme le résultat d'une longue genèse. Plus précisément elle est la synthèse de deux éléments qui eux aussi sont le résultat d'une longue genèse : l'image du corps et l'image du moi social, qui se forment toutes deux grâce à la fréquentation d'autrui. Nous avons précédemment considéré la personnalité comme se définissant par un ensemble de rôles et, par-delà ce système de relations et de comportements, par la conscience de soi. Cette conscience de soi se réalise justement parce que ce complexe de rôles ou de personnages que constitue le moi social se trouve rapporté à cette image corporelle, dont nous venons de souligner l'importance fondamentale.

La question se pose de savoir si la fusion est totale entre les deux éléments et si une certaine dissociation ne subsiste pas d'une manière plus ou moins permanente. Le moi social ne constitue-t-il pas parfois une sorte d' « objet » pour cette image corporelle considérée comme

Individu et conscience de soi

« sujet » et à laquelle il se trouve rapporté. Le moi est un, mais n'y a-t-il pas en réalité un moi sujet et un moi objet ?

Il s'agit là d'un problème que nous ne pouvons pas aborder dans ses multiples aspects. Contentons-nous d'émettre une hypothèse. Elle peut apparaître contestable ; elle nous aide cependant à comprendre la distinction que fait le langage entre le *je* qui n'est autre que le moi-sujet et le *moi* proprement dit, qui ne se limite pas au moi social et qui comprend l'ensemble des caractéristiques physiques (taille, couleur des cheveux... : je suis grand, brun...), bio-psychiques (tempérament : je suis flegmatique) et psychosociales (rôles : je suis fils, époux, père... ; personnages que je montre ou que je veux être...). Elle nous permet par ailleurs d'interpréter, autrement que ne le fait Edouard Pichon, les intéressantes observations que celui-ci a lui-même présentées à propos de ce qu'il nomme la « personne ténue » et la « personne étoffée ».

Remarquant qu'il existe en français des pronoms personnels qui s'agglutinent avec le verbe (je, me ; tu te, etc.) et d'autres qui revêtent une forme accentuée indépendante du verbe (moi, toi, etc.), Pichon [28] a essayé d'en dégager la portée psychologique et, s'appuyant sur divers exemples empruntés à la littérature, a proposé de considérer les premiers comme exprimant la personne ténue et les seconds la personne étoffée. [29] Que recouvrent donc ces deux notions ?

« *La personne ténue*, écrit Pichon, est réduite à son rôle strict de personne grammaticale, c'est-à-dire qu'elle est, respectivement et nûment, l'entité qui parle, l'entité à qui l'on parle, l'entité dont on parle. La *personne étoffée*, au contraire, exprime la notion d'une personnalité concrète complète, nantie de tous ses caractères tant essentiels qu'accessoires ». [30]

La personne ténue *je-me* apparaît ainsi comme le centre intime de la personnalité, extrayable en quelque sorte de la personne étoffée, qui est le *moi*, en tant qu'opposé au *non-moi* et vu pour ainsi dire de l'extérieur. Elle ne se confond pas avec l'âme humaine et doit être considérée « comme aussi aimante que connaissante, comme aussi vulnérable affectivement qu'attingible intellectivement ». [31] Instance centrale du royaume intérieur, elle se caractérise par une continuité « irréductible à rien d'autre et indépendante de toute confrontation différentielle avec autrui : c'est la singularité première de la personne », [32] alors que le moi se définit par « un certain nombre de caractères qui le distinguent des autres êtres... : c'est la caractérisation différentielle de la personne ». [33]

Dans un article paru peu après l'étude de Pichon, Daniel Lagache [34] manifeste son accord avec cette conception de la personne étoffée. Cherchant à prolonger la portée des observations de Pichon, il y découvre la thèse de la transcendance de l'Ego. En effet la personne étoffée (le *moi*) ne se révèle pas à elle-même. « Moi, écrit-il, est ici visé par la conscience comme un objet transcendant qu'elle peut se représenter mais qu'elle ne perçoit pas ; il ne se révèle pas à la conscience dans sa totalité mais toujours incorporé dans des expériences particulières et actuelles. Unité d'une multiplicité, permanence dans la succession, il l'est à la façon des objets dont l'objectiveté réside précisément en ce que leur permanence seulement représentée se soustrait à l'immédiateté de la perception et de l'action propre ». [35] Mais Lagache désapprouve nettement les remarques de Pichon relatives à la personne ténue. Soulevant fort opportunément le problème du rapport qui existe entre celle-ci et la conscience (question que Pichon ne se pose pas), il s'appuie sur certaines analyses de Sartre et se refuse à assimiler Je-Me à la conscience. « *Je* et *Me* apparaissent au contraire, affirme-t-il, comme un voile ténu s'opposant à l'appréhension correcte de la conscience pure ». [36]

Mais qu'est-ce donc que cette « conscience pure » ? Lagache ne le dit pas, se contentant de la considérer à la suite de Sartre [37] comme étant « toute légèreté et transparence » et de la caractériser comme une réalité psychique « phénoménale » et « pré-sociale », où précisément le *Je* introduirait « opacité et lourdeur ». [38] Nous nous trouvons en fait ramenés à une conception « idéaliste » de la conscience, pure entité métaphysique, et bien éloignés de certaines données de la psychologie génétique, qui tendraient au contraire à la faire apparaître comme étant, pour reprendre une formule de Zarro, « déterminée matériellement, avant d'être elle-même déterminante ». [39]

Il n'est pas de notre propos de chercher à préciser si le *je* correspond à cette entité psychique que décrit Pichon ou n'est qu'un fait de langage, dépourvu de toute signification psychologique, comme le croit Lagache. Pour notre part, nous serions enclin à penser que si le premier a tort d'opposer nettement le *je* au *moi*, le second n'a pas raison de ramener l'un à l'autre et de ne voir entre eux qu'une différence de degré, le *je* apparaissant alors comme un reflet du *moi*, comme une image « atténuée », plus faible et plus pauvre, de l'Ego transcendant.

En définitive nous nous contenterons de poser quelques questions. L'erreur de Pichon ne tient-elle pas à ce qu'il considère la réalité que recouvre le *je* comme une sorte de *donnée immédiate* ? De son côté Lagache n'a-t-il pas tort de la concevoir comme une simple *représentation* ? En fait cette réalité psychique à laquelle correspond le *je* n'est-elle pas à la fois une présentation et une représentation ? N'est-ce pas tout simplement cette image corporelle que précisément, nous l'avons vu, Lhermitte définit comme une présentation et une représentation ?

Ainsi il n'existerait entre le je et le moi ni une distinction tranchée ni une pure différence de degré. Le *moi*, c'est évidemment le corps et, formant avec lui une unité indissoluble, tout un ensemble de caractéristiques psychologiques et sociales. Le *je*, expression verbale de l'image de ce corps, ne peut donc avoir une nature différente du moi. Mais cette image n'est pas pour autant une image « atténuée » de *l'ensemble* du *moi* ; c'est l'image du corps, même si celle-ci n'est pas spontanée et autonome et ne se constitue que progressivement en liaison extrêmement étroite avec le *moi* qui, lui aussi, est le résultat d'une longue genèse.

Nous formulerons enfin une dernière interrogation, sans chercher à introduire un débat de nature historique sur la structure de la conscience, telle que la conçoivent par exemple des philosophes comme Kant, Husserl ou Sartre. S'il existe effectivement un champ de « conscience » antérieur à l'emploi du *je*, faut-il pour autant se refuser à donner la structure de la première personne à la conscience ? Puisque celle-ci ne naît pas du jour au lendemain, mais apparaît comme le fruit d'une lente évolution, ne convient-il pas de considérer tout champ de conscience, dans le cas de l'enfant, comme toujours plus ou moins personnel et jamais totalement impersonnel ? Dans le cas de l'adulte, n'en serait-il pas de même, et ce qu'on croit impersonnel ne serait-il pas lié à une conscience personnelle qui apparaîtrait, simplement à un instant, plus ou moins floue ? Bref la personne n'est-elle pas toujours présente, même si elle ne revêt parfois qu'une forme « ténue » ?

2. *Conscience de soi et réflexion*

Sur le plan méta-psychologique, on ne trouve nulle part une étude des différentes dimensions du moi plus complète et plus nette que celle que nous offre Mounier dans son *Traité du caractère*. Cette œuvre, apparemment touffue, constitue, nous semble-t-il, la plus belle réussite faite pour dépasser réellement l'opposition du sujet et de l'objet. Elle montre la vanité et la stérilité de la lutte que l'on suppose exister entre l'objectif et le subjectif. Entre l'objectif, c'est-à-dire l'héréditaire, le biologique, et aussi le monde physique et le milieu social, et le subjectif, c'est-à-dire cette prise de conscience de soi, Mounier institue une dialectique par laquelle l'individu s'affirme. Le *Traité du caractère* n'indique pas autre chose que la façon dont l'être humain réagit à ce qui lui est donné afin de grandir et de s'achever par lui-même.

« Il est à penser, écrit Mounier, que, succédant à un siècle incorrigiblement subjectiviste, le 20e siècle sera dominé par la recherche d'un réalisme de grand air. C'est dans cette large perspective que nous avons abordé le composé humain, immergé en plein univers, gorgé du lait des choses avant même que de s'interroger sur soi. Mais aussitôt nous y avons découvert, face aux choses, une initiative sous pression, douée d'une manière propre d'accueillir les provocations venues des choses et de leur présenter ses réponses. Je me sens être par cet air qui me fouette, en même temps que par ces muscles qui le fondent, par ce monde qui me regarde, en même temps que par ce cœur qui se dilate de sa joie. Le sentiment du réel naît au contact de la résistance que nous offrent les choses, quand nous avançons sur elles, et de la poussée que notre effort solide, corps et âme mêlés, leur affronte. Il est fait de la soudure, ou mieux de la lutte de ces deux élans, incessant combat avec l'ange, qui seul nous assure de la double présence de nous-mêmes à l'univers et de l'univers devant nous. La rencontre n'aurait jamais lieu si l'univers tournait sur lui-même indifférent au sort de son locataire comme la première sphère d'Aristote et la nature indifférente des romantiques ; elle n'a pas lieu quand le locataire veut se suffire au charme d'une solitude repliée. Un homme « éclatant vers » le monde, un monde explosant l'homme au bout de son invention, et turbulent d'appels tournés vers lui, ainsi se présente notre équilibre vivant ». [40]

Brossons à grands traits les caractéristiques générales de cet individu, c'est-à-dire de ce moi présent au monde et que l'univers et les hommes qui le peuplent sollicitent de mille façons. La première démarche est de se situer dans cet univers, de se camper dans l'espace qui n'est pas un simple lieu vide et objectif, une sorte de récipient. Le refus d'accepter des conditions d'existence spatiales signifierait la dispersion dans le rêve. Le moi prend possession de l'espace par la main, le regard par exemple, et autour de lui d'abord se dessine un champ dont l'importance tient moins à l'étendue qu'à l'intensité de notre maîtrise sur lui. Mounier l'appelle « le cercle de l'avoir » ; il comprend tout ce qui, d'une certaine façon, peut être dit mien : mon corps, bien sûr et en premier lieu, puis tous mes biens personnels, ma famille, mes amis, etc. Autour du moi se développe aussi ce que Mounier nomme « la sphère de l'aisance », qui est en quelque sorte notre « espace vital » et qui ne se définit pas en termes d'immobilité, car elle est animée par « une ondulation incessante *d'expansion* et de *rétraction*, qui est la pulsation même du *moi* ». [41]

C'est à la limite de cette sphère de l'aisance que se fait le contact avec le réel que le moi doit accepter et au devant duquel il doit pour ainsi dire se porter, le milieu objectif devenant peu à peu milieu vécu. Un double mouvement, pense Mounier, assure son équilibre et sa cohésion en face du monde.

D'abord « *un mouvement d'extériorisation*, d'adaptation à la totalité du monde sous l'angle de l'environnement. Il correspond à ce que Freud a nommé le *principe de réalité*. Il comporte :

a) un mouvement d'extraversion vers les choses et vers autrui, qu'à ce degré de l'analyse on peut encore confondre dans leur qualité commune d'objets ou de projets ;

b) un effet de différenciation, la diversité des objets modifiant de diverses manières et modelant à diverses aptitudes les virtualités confuses du moi ;

c) un effet de dispersion qui contient une menace permanente de dépersonnalisation ;

d) en réaction contre cette menace, une force d'appropriation, qui tend à consolider le passage du moi parmi les choses ». [42]

Ce mouvement d'extériorisation du moi est doublé *d'un mouvement d'intériorisation*... L'expérience de l'intériorité apparaît « comme un retrait du contact avec les choses (et les gens pris comme choses), un repli vers les zones plus silencieuses, ou plus profondes, ou plus primitives de nous-mêmes... » [43] Ce principe d'intériorité, pendant du principe de réalité, ne signifie pas refuge, fuite du réel, mais protection du moi contre les pressions trop fortes du monde extérieur. Il s'agit de recueillement, de reprise et d'approfondissement de soi.

Une autre démarche tout aussi fondamentale que la première consiste pour le moi à se situer dans le temps. Gros de son expérience passée, il s'ouvre sur l'avenir qui est appel à la nouveauté, invitation à la création et par conséquent obligation de dépasser le donné et l'acquis.

Il importe ici d'apporter une double précision. Le moi situé dans le temps, pris dans la durée n'est pourtant pas mobilité incessante, fluidité pure : il a une histoire qui permet de comprendre chacun de ses actes ; et, dans le présent, il choisit, s'affirme et s'engage, se forgeant ainsi un avenir par l'actualisation d'un certain nombre de *valeurs*. La nouveauté des actes ne doit pas masquer l'existence d'une structure qui ressemble, comme le dit Mounier, à un « développement musical », sorte d'« architecture axiale faite de thèmes permanents et d'une règle de composition ». [44] Le moi se constitue grâce aux valeurs morales ; la véritable conscience de soi, c'est la conscience morale. Nous n'entreprendrons que plus tard l'analyse de cette notion très importante qui nous servira à définir l'une par rapport à l'autre les deux notions fondamentales d'individu et de personne.

Poursuivons pour le moment l'analyse des démarches fondamentales de l'individu, à quoi nous ramène d'ailleurs la seconde précision que nous voulons apporter. Au moi situé dans le temps s'impose l'obligation de dépasser le donné, s'il veut s'affirmer et se réaliser. Qu'est-ce donc que ce mouvement de dépassement, cet acte de transcender ? C'est la *réflexion* par laquelle le moi se réalise.

Gabriel Madinier, dans son ouvrage *Conscience et signification* [45] a beaucoup contribué à clarifier cette notion. S'il définit la réflexion comme étant « la rencontre et l'union du sujet, d'une nature et d'une norme »[46] qui est soit vérité, soit valeur, c'est que la réflexion n'est pas simplement une méthode de connaissance. Elle ne se situe pas seulement sur le plan rationnel pour fonder en vérité la chaîne de nos connaissances ; elle se situe également sur un plan supérieur où se fait la synthèse à la fois de l'affectif et du rationnel : elle est alors une expérience du cœur et par elle le sujet peut se saisir dans la totalité de son activité vivante.

Il existe, en effet, dans la réflexion deux stades distincts qu'il faut délimiter, pensons-nous, pour éviter toute confusion. Au stade inférieur, la réflexion est connaissance, connaissance objective, dont la science constitue le modèle achevé. Elle est la rencontre et l'union d'un sujet, d'une nature (le milieu extérieur, physique et social) et d'une norme, qui est ici la vérité. La théorie marxiste de la connaissance rend très bien compte, à notre avis, de ce processus.

Cette théorie, qui se veut matérialiste, a été exposée principalement par Garaudy. La thèse centrale de ce philosophe se ramène à ceci : reflet du travail et de l'activité pratique des hommes, la pensée se développe à travers ce phénomène social fondamental qu'est le langage.[47]

Il n'est pas nécessaire d'être marxiste pour reconnaître à l'action, au langage, en un mot à la *pratique sociale* un rôle indispensable de médiation dans le passage de la connaissance sensible à la connaissance rationnelle, la connaissance sensible étant elle-même née du besoin de nous orienter dans la réalité et d'agir sur le monde.

Donner son adhésion à cette théorie marxiste ne signifie pas que l'on accepte certaines thèses matérialistes qui la sous-tendent. Nous nous sommes déjà expliqué sur ce point. Garaudy reprend, dans son ouvrage, les auteurs les plus représentatifs du marxisme et fait le point en s'appuyant sur les découvertes de la science, celles de la physique et de la neuro-physiologie par exemple. Sa thèse apparaît en quelque sorte comme une transposition de certaines données de la science. L'importance de la théorie marxiste tient au fait qu'elle est une histoire ; ce qu'elle étudie, c'est la genèse de la pensée humaine, la genèse de la connaissance, et ce qui fait aussi sa valeur c'est le rôle primordial qu'elle accorde à la pratique, c'est-à-dire à l'activité historique et sociale des hommes.

Il y aurait quand même bien des précisions à apporter, bien des réserves à faire. Contentons-nous de deux séries de remarques. Si le rôle de l'action dans le développement de la pensée est grand, il convient cependant de bien se demander si les concepts n'ont pas plus directement leur source dans l'*imitation*.[48] Celle-ci est certes une conduite éminemment sociale ; si elle doit être privilégiée, c'est parce que grâce à elle s'opère la coordination du domaine de l'agir et

Individu et conscience de soi 71

de celui du sentir. L'observation de l'enfant révèle que joies et mécontentements règlent en partie ses conduites ; le monde se présente à lui sous forme de stimuli favorables et défavorables. Ses sentiments, façonnés peu à peu par tout un ensemble d'institutions éducatives, interviennent d'une manière décisive dans le processus de formation de la pensée. Cela, les philosophes marxistes ne l'ignorent pas, mais ils ne le soulignent pas suffisamment. Cette précision ne contredit pas leur thèse, mais la complète.

Quant au terme *reflet*, il paraît difficilement compréhensible et pour tout dire inacceptable. Il révèle, à notre avis, le grand embarras dans lequel se trouvent actuellement les philosophes marxistes quand ils veulent rendre compte de l'origine de la conscience. Fort soucieux de dissocier leur doctrine du matérialisme mécaniste classique, sans trop bien y parvenir toujours, ils rejettent le terme épiphénomène et adoptent celui de reflet. Mais un changement de vocable ne peut suffire à résoudre le problème en question.

Les efforts faits par Tran-Duc-Thao méritent cependant d'être rappelés. A la vérité ses travaux nous mènent très près d'une solution. Notons tout de suite que ce philosophe évite soigneusement d'employer le terme reflet ; çà et là il lui substitue des synonymes mais le mot lui-même est évité.

Qu'est-ce donc que la conscience pour Tran-Duc-Thao ? Dans la seconde partie de son ouvrage, *Phénoménologie et matérialisme dialectique* [49], il essaie d'éclairer le processus par lequel la matière devenue vivante s'élève à l'esprit. [50] « L'acte de conscience, dans son *sens vécu*, écrit-il, se définit de manière exhaustive par *la dialectique du comportement* ». [51] Mais que signifie cette dernière expression ?

Un exemple simple en indiquera le sens. Il suffit de considérer un phénomène de conscience quelconque « pris dans son *contenu effectif*, en tant qu'il renvoie irréductiblement à des mouvements réels, esquissés dans l'organisme vivant ». [52] Et voici l'exemple que nous empruntons à Thao lui-même. « Quand je vois cet arbre, je sens plus ou moins confusément s'esquisser en moi un ensemble de réactions qui dessinent un horizon de *possibilités pratiques* — par exemple la possibilité de m'approcher, m'éloigner, tourner autour, grimper, couper, cueillir, etc. Le *sens vécu* de l'objet, son être-pour-moi, se définit par ces possibilités mêmes, senties et vécues dans ces comportements *esquissés* et immédiatement *réprimés* ou *inhibés* par les données objectives, l'acte réel se réduisant ici à une simple adaptation oculomotrice. La conscience, comme conscience de *l'objet*, n'est justement que le mouvement même de ces esquisses réprimées. Dans cette *répression*, le sujet, nous entendons l'organisme vivant, les maintient en soi et c'est ce maintien même qui constitue la *conscience de soi*. Ainsi, c'est bien dans son sens vécu, et non simplement d'un point de vue « extérieur » que la conscience se définit par la *dialectique du comportement* ». [53]

A une réserve près, ce texte nous semble très clair. Nous ne voyons pas où se situe la différence entre le psychisme sensori-moteur des animaux et la conscience humaine. Certes dans son ouvrage Thao trace entre les deux une ligne de démarcation très nette. La notion de conscience de soi en est ici une marque. C'est justement à ce propos que surgit une objection. Qu'est-ce qui assure le passage à cette conscience de soi ? La suite du texte fournit une réponse qui ne nous satisfait guère. Dans le sujet conscient, il se produit d'après Thao une « absorption anticipée » de l'objet, ce qui veut dire que la chose est présente idéalement en lui, sans doute, par le biais du concept.

Si ce processus d'intériorisation est réel, il reste à montrer comment s'opère le passage de l'objet effectif ou symbolique (le mot) au vécu en première personne. La conscience est certes *visée intentionnelle de l'objet* ; mais il existe bien quelque chose à quoi l'objet visé se trouve rapporté. Il y a dans le phénomène de prise de conscience un dédoublement, dont les philosophes marxistes n'arrivent jamais à rendre compte.

Dans un écrit publié longtemps après la parution de son ouvrage sur Husserl et le matérialisme dialectique, Thao reprend le problème et pose à nouveau la question de l'origine de la conscience. [54] De l'un à l'autre texte un grand pas nous semble fait et l'on peut penser qu'un jour la solution offerte sera entièrement satisfaisante.

Analysant le geste de l'indication, considéré comme un « appel au travail sur l'objet indiqué », [55] il en discerne les deux moments : gestuel et exclamatif. « Les travailleurs, écrit-il, s'appellent à l'objet du travail par le geste et la voix, et chacun se voit lui-même dans les autres comme dans un miroir, et s'entend lui-même dans les autres comme dans un écho ». [56] Nous saisissons bien ainsi la ligne de partage entre le psychisme de l'animal et celui de l'homme. L'importance du travail était déjà très nettement soulignée dans l'ouvrage, *Phénomènologie et Matérialisme dialectique*. Mais ici l'analyse s'affine et se précise. La source d'excitation constituée par les images sensori-motrices se trouve au niveau humain considérablement augmentée, quand à celles-ci se substitue l'image perceptive des autres. Cette image est d'ailleurs sans cesse présente ; c'est une *image rémanente* : l'individu est toujours au sein du groupe, réellement ou symboliquement. « Le sujet, resté seul avec lui-même, continue à sentir autour de lui son milieu social sous la forme d'une multitude de gestes et de voix, qui semblent toujours l'appeler en chœur au travail sur l'objet ». [57]

L'analyse de ce mouvement de l'indication, sous ses deux formes, matérielle et idéale, conduit finalement Thao à cette conclusion : « *La prise de conscience* consiste à s'adresser à soi-même le signe déjà objectivement élaboré et échangé dans le langage de la vie réelle, tel qu'il jaillit directement du mouvement de l'activité matérielle et des relations matérielles. Le sujet accomplit cet acte quand l'image rémanente des autres qui se projette constamment autour de lui, a pris une forme suffisamment stylisée pour lui répéter nettement ce signe, et quand lui-même se trouve disposé à le reprendre en se confondant dans cette « société intérieure ». L'*intimité de la conscience* ou *intériorité* du vécu est la forme idéalisée dans laquelle il perçoit son propre langage intérieur, qu'il s'adresse à lui-même à partir de ce milieu immanent où son *être social* se présente comme être universel ». [58]

On voit le pas important franchi par Thao. Le dédoublement, ce phénomène fondamental de la conscience, il tente de l'expliquer. L'objet visé se trouve en effet rapporté à quelque chose, à l'image rémanente des autres qui est sans cesse présente en nous. Mais notre insatisfaction demeure, car Thao explique tout au plus le passage de l'objet au vécu en deuxième personne. Il est vrai que pour lui le rapport à soi-même découle du rapport avec les autres. Il reste à assurer véritablement le lien avec le vécu en première personne. Si Thao échoue à le faire c'est parce qu'il part d'un postulat, propre à tous les marxistes, à l'exception peut-être de Marx, à savoir que l'individuel est le « reflet » du social.

Ce préjugé une fois écarté [59], nous nous demandons s'il n'est pas possible de trouver une solution au problème posé, en nous plaçant dans la perspective même de Thao, c'est-à-dire en restant sur le plan où se situent les matérialistes. Il y a entre le sujet et l'objet une hétérogénéité qui peut être expliquée, sans qu'il soit nécessaire d'avoir recours au subjectivisme idéaliste et aux notions d'âme ou d'esprit (en tant qu'opposé à la matière). Pour parvenir à une solution il est possible de se cantonner dans les limites de l'objectivité et du « matérialisme » scientifique.

En fait l'échec de Thao tient principalement à ce qu'il ne prend jamais en considération cette « image du corps ». La solution qu'il esquisse peut donc devenir décisive sans pour autant recourir aux arguments des doctrines subjectivistes.

L'acte de conscience se produit chez un sujet, selon Thao, et ici nous reprenons une partie d'un texte déjà cité, « quand l'image rémanente des autres qui se projette constamment autour de lui, a pris une forme suffisamment stylisée pour lui répéter nettement ce signe, et, quand lui-même se trouve disposé à le reprendre en se confondant dans cette société intérieure... » Justement il ne peut procéder de la sorte qu'à partir du moment où l'image du corps a pu, à la suite d'une maturation nerveuse, se dissocier où se différencier de l'image rémanente des autres.

En fait la conscience s'explique par tout un jeu dialectique : passage du monde extérieur aux images sensori-motrices, passage de celles-ci à l'image perceptive des autres et à leur image rémanente en nous, enfin passage de l'image rémanente des autres à l'image du corps propre. Dans l'acte de conscience l'objet visé se trouve rapporté à cette image corporelle, ce qui explique le vécu en première personne, mais tous les paliers intermédiaires demeurent présents.

Pour être tout à fait juste, il faut reconnaître que chez Thao apparaissent des lueurs de cette solution. Juste avant le passage où il définit l'acte de conscience par la dialectique du comportement, il écrit : « L'intériorité de la conscience et son rapport idéal à l'objet renvoient à la structure du *sujet réel*, à savoir le corps vivant comme centre de mouvements ».[60] Et dans son article sur le mouvement de l'indication, après avoir montré l'importance de l'image perceptive des autres, il précise : « Elle se lie étroitement pour chacun à la perception de son propre corps ».[61] A part cela rien. Pas une ligne sur l'importance du corps comme fondement même de la prise de conscience. Il y a pourtant chez Thao l'amorce d'une recherche qui, si elle est reprise et approfondie, peut en définitive nous fournir une vue cohérente du problème posé par l'apparition de la conscience chez l'homme et les bases d'une doctrine de la connaissance satisfaisante.

Il s'agirait cependant, répétons-le, de la connaissance objective, scientifique, qui n'est pas le seul mode possible de connaissance et qui n'est pas strictement liée à la théorie du matérialisme dialectique.

A un autre stade, plus « élevé » en quelque sorte, la réflexion n'est plus simplement connaissance objective. Elle est la rencontre et l'union d'un sujet, d'une nature (sa propre nature tout autant que la nature extérieure) et d'une norme, qui est soit vérité soit valeur.

S'il s'agit de vérité, on peut encore parler de connaissance, mais il n'est pas question d'une connaissance purement objective. Il s'avère alors difficile de la nommer d'une manière précise, car elle revêt des formes diverses et variées selon les plans sur lesquels on se situe, celui de la réflexion philosophique et celui de l'amour où se réalise une synthèse de l'affectif et du rationnel. Une théorie de la connaissance philosophique, par exemple, se ramène essentiellement à une théorie de la croyance pour Jean Lacroix qui considère qu'il n'existe pas d'acte de connaissance qui ne s'accompagne d'une reconnaissance par la personne, dans son activité même, d'une inspiration qui la dépasse infiniment.[62] Dans le second cas, ce sera la connaissance du cœur dont parle Pascal et qui à la limite se transforme en communion franciscaine avec les choses et l'univers, communion avec les autres sujets, communion mystique avec Dieu. C'est plutôt ce processus caractérisé en quelque sorte par une soif d'absolu à travers le relatif qu'éclaire la théorie de la connaissance esquissée souvent par Nédoncelle et parfois par Mounier dans certaines pages du *Traité du caractère* et dans le petit « Que sais-je » consacré à une présentation générale du personnalisme. Par exemple, quand Mounier parle de « logique » personnaliste, de négation, de déchirement, de suspension de soi, de compréhension, il faut situer cette logique dans la perspective de la théorie de la connaissance dont il vient d'être question et ne pas l'opposer à la logique de la science qui, elle, se rattache à l'ordre de la connaissance objective.

S'il s'agit non plus de vérité mais de valeur, nous nous trouvons dans le domaine de l'action, des actes, par lesquels le moi va chercher à se poser et s'affirmer. La réflexion introduit alors le sujet dans une expérience d'ordre spirituel. Disons avec Madinier : « Il y prend conscience de son être vrai par une conversion vers son principe et dans la joie de l'unité entrevue. En toute expérience spirituelle, le sujet se sent enrichi, ouvert et soulevé par des forces qui le dépassent, et il découvre la certitude immédiate des significations qui valent pour elles-mêmes. Si l'expérience spirituelle a le caractère épanouissant et plénier qui en fait un bonheur, c'est parce qu'en elle fusionnent, constituant un même moment de conscience, les composantes de l'être et qu'elle nous donne comme une image, pauvre mais authentique, du Tout. Cette expérience rassemble le sujet, la Transcendance, la nature et autrui dans une unité heureuse, unité qui se garantit elle-même, puisqu'en dehors d'elle il n'y a rien ». [63] Cette expérience spirituelle nous semble se diversifier sur deux plans et revêtir deux formes : l'expérience morale et l'expérience religieuse. La première constituera l'objet essentiel de développements ultérieurs.

Faisons auparavant remarquer que définir la réflexion comme la rencontre d'un sujet, d'une nature et d'une norme (en l'occurence la valeur), cela revient à considérer l'acte par lequel le moi se pose et s'affirme comme une initiative libre. Malgré l'importance du problème de la liberté, nous ne pouvons pas nous y étendre ; une longue analyse s'imposerait et cela nous éloignerait trop de notre sujet. La notion de personne étant la notion centrale du personnalisme, toute étude portant sur elle conduit à effleurer les principaux problèmes philosophiques, mais il n'est pas possible de les aborder tous. Contentons-nous ici d'une mise au point.

Quand on parle de liberté, il ne faut pas oublier que celle-ci revêt deux formes différentes. La distinction faite par saint Augustin entre la *libertas minor* et la *libertas major* reste fondamentale, même si lui-même s'est surtout préoccupé de la seconde. Entre ces deux libertés s'étend, comme l'a dit Berdiaeff, le chemin de l'homme. L'analyse de la seconde forme ne présente pas de réelles difficultés. C'est pour le chrétien la liberté en Dieu, celle des « bienheureux », celle dont jouiront tous les hommes à l'avènement du Royaume de Dieu. C'est pour le marxiste l'état dans lequel se trouvera l'homme quand toute aliénation aura disparu et qu'il sera ainsi réconcilié avec la nature et avec lui-même. C'est en somme une liberté eschatologique, l'homme étant situé en dehors de l'histoire, au moins de celle qu'il est en train de vivre.

La première forme de liberté, elle, se révèle d'une extrême complexité quand elle est soumise à l'analyse. Pour clarifier cette notion peut-être vaut-il mieux la lier à la notion de vérité ? Etre libre c'est en quelque sorte, nous semble-t-il, adhérer à la vérité, étant entendu que l'adhésion suppose un certain choix préalable. Au niveau de la connaissance strictement rationnelle, le sujet en face du monde s'ouvre à une vérité qui est d'ordre scientifique, à la vérité objective. La liberté est alors connaissance de la nécessité, comme le pensent les marxistes, comme le pensait également Spinoza. Etre libre, c'est se plier à une nécessité, mais, il convient de le préciser, après en avoir saisi le bien fondé. Et déjà à ce niveau un choix se fait : les nécessités sont multiples, les déterminismes nombreux ; le propre de l'homme, comme l'a souvent noté Mounier, est de choisir entre plusieurs nécessités, de donner la préférence à la nécessité la plus appropriée, de privilégier les déterminismes supérieurs et d'écarter les déterminismes inférieurs.

Au niveau de la troisième forme de connaissance, celle que donne le « cœur », le sujet n'est plus en présence de la vérité scientifique mais d'une vérité qui est pure subjectivité. C'est peut-être la vérité dont parlait Hegel quand il disait qu'il fallait appréhender le vrai, non comme substance, mais aussi comme sujet. En tout cas, c'est la vérité dont parle le Christ quant il dit : « Je suis la vérité ». Etre libre, c'est accueillir cette vérité ; mais c'est librement que doit se faire cet accueil. A la suite de Dostoïevski, Berdiaeff a souvent insisté là-dessus et aimait répéter cette phrase que prononce le Grand Inquisiteur dans *Les Frères Karamazov :* « Tu as désiré le libre amour de l'homme, afin que librement il aille à toi, séduit et captivé par toi ».

Berdiaeff aimait aussi à reprendre cette phrase de l'évangile : « Vous connaîtrez la vérité et la vérité vous rendra libre », et s'opposait à ce que les marxistes se l'approprient. Il nous semble, pour notre part que les marxistes n'ont pas tort de reprendre cette formule, étant entendu que la liberté en question ici est la *libertas major*. La connaissance de la vérité scientifique permet à l'homme, grâce à la technique, à son travail et à sa lutte sociale, de se libérer et par suite de parvenir à une certaine liberté. Mais ce point de vue n'a qu'une valeur partielle. La vérité scientifique ne suffit pas à apporter

Individu et conscience de soi

à l'homme la vraie liberté. Pour vaincre l'aliénation suprême, le mal moral, il faut la connaissance d'une autre vérité qui est le Christ, pour le chrétien. Inutile de préciser qu'il n'y a pas d'opposition entre ces deux vérités. Il est bon que par la vérité scientifique, l'homme se libère de la faim, de la maladie, des préjugés, de l'ignorance, toutes choses qui sont des obstacles à la connaissance de l'autre vérité.

Entre ces deux vérités se place la vérité du sujet lui-même, vérité qui est à la fois objective et subjective et qui est pour le sujet la connaissance de sa propre nature. Mais ici la liberté ne consiste pas à adhérer à la nature, comme dans le premier cas, c'est-à-dire pour le sujet à adhérer à sa nature, à être soi-même. Dans les deux premiers cas, la liberté est davantage adhésion que choix ; elle est ici plus choix qu'adhésion. Cependant le choix est à faire non entre deux ou plusieurs actions, mais entre *deux modes d'être*. De nombreux textes des divers philosophes personnalistes pourraient être présentés ici. Contentons-nous de citer Madinier. La liberté, pour ce dernier, consiste à agir sur sa nature, c'est-à-dire « à la modifier et, en un sens, *à se donner à soi-même sa propre nature* ».[64] Cela est possible parce que l'homme a une conscience morale.

Mais nous voilà ramenés à cette notion que nous avons déjà effleurée et dont l'étude doit permettre, comme nous l'avons dit précédemment, de définir l'une par rapport à l'autre les notions d'individu et de personne.

NOTES DU CHAPITRE III

1. *Cf.* à ce sujet R. Weill, « Problèmes d'unité et d'identité en biologie : l'individu, l'individualité, la personnalité », *Les Études philosophiques*, n° 1, janvier-mars 1966.
2. *Cf.* P. Chauchard, *Les mécanismes cérébraux de la prise de conscience*, Paris, 1956 ; *La Maîtrise du comportement*, *op. cit.*
3. *Œuvres*, t. II.
4. Le concept de personnalité peut désigner en effet l'individualité psychologique. *Cf.* J.C. Filloux, *La Personnalité*, 4e éd., Paris, 1963.
5. De Pavlov, *cf. Œuvres choisies*, Moscou, Ed. en langues étrangères ; *Les Réflexes conditionnels*, Paris, 1927 ; *Typologie et pathologie de l'activité nerveuse supérieure*, Paris, 1955 ; *Les Réflexes conditionnés*, Les classiques de la médecine, Alliance culturelle du livre, Genève — Paris, — Bruxelles, 1962.
6. Paris, 1927.
7. M. Dufrenne, *La Personnalité de base*, Paris, 1953.
8. Dufrenne considère la personnalité de base comme étant à la fois une moyenne abstraite des comportements concrets, puisqu'elle exprime l'action de la société sur l'individu, et une *norme*, car elle veut signifier ce que la société attend de ses membres (*cf.* en particulier la conclusion de son ouvrage, p. 322).
9. *Cf.* par exemple, *Les Règles de la méthode sociologique*, Paris, réédition de 1947, p. 103.
10. *Cf.* R. Bastide, *Sociologie et Psychanalyse*, Paris, 1950 « Sociologie et Psychologie », *Traité de sociologie*, publié sous la direction de G. Gurvitch, Paris, t. I, 2e éd., 1962, 1re sect., chap. III ; « Sociologie et Psychanalyse », *Traité de Sociologie*, *ibid.*, t. II, 2e éd., 1963, 9e sect., chap. VI.
11. *Cf.* G. Gurvitch, *La Vocation actuelle de la sociologie*, Paris, t. I, *Vers la sociologie différentielle*, 3e éd., 1963.
12. *Les Origines du caractère chez l'enfant*, Paris, 1949.
13. Sur l'importance des prises de rôles par l'enfant, *cf.* G.H. Mead, *L'Esprit, le Soi et la Société*, traduction française, Paris, 1963 ; J. Piaget, *Le Jugement moral chez l'enfant*, Paris, 1932 ; R. Zazzo « La personne et les rôles chez l'enfant », in *Conduites et Conscience*, Neuchâtel, 1962.
14. R. Zazzo, *Les Jumeaux, le couple et la personne*, 2 vol., Paris, 1960.
15. E. Durkheim, *Les Formes élémentaires de la vie religieuse*, *op. cit.*, p. 387.
16. *Do Kamo...*, *op. cit.*
17. J. Lhermitte, *L'Image de notre corps*, Paris, 1939, p. 15.
18. H. Hécaen et J. de Ajuriaguerra, *Méconnaissances et Hallucinations corporelles*, Paris, 1952.
19. P. Chauchard, *L'Homme et la physiologie du cerveau*, *op. cit.*, p. 31.
20. P. Chauchard, *Le Cerveau humain*, Paris, 1958, p. 68.
21. P. Chauchard, *L'Homme et la physiologie du cerveau*, *op. cit.*, p. 31.
22. « Essai sur les fondements de la psychologie », *Œuvres* de Maine de Biran, *op. cit.*, t. VIII, 1re part. 2e sect. chap. III, p. 210-211, Paris, 1932.
23. *L'Homme et la physiologie du cerveau*, *op. cit.*, p. 31.
24. H. Wallon, *Les Origines du caractère chez l'enfant*, *op. cit.*, p. 178.

25. R. Zazzo, « Images du corps et conscience de soi », *Enfance*, n° 1, 1958, repris dans *Conduites et conscience, op. cit.*,
26. R. Zazzo, « Images du corps et conscience de soi », *Conduites et Conscience*, p. 175.
27. *Ibid.*, p. 177
28. E. Pichon, « La personne et la personnalité vues à la lumière de la pensée idiomatique française », *Revue française de psychanalyse*, t. X, n° 3, 1938.
29. Le terme personne est pris ici dans son sens courant et non philosophique. De notre point de vue, il ne recouvre donc pas une réalité différente de celle qu'expriment les mots individu, individualité.
30. E. Pichon, *op. cit.*, p. 453.
31. *Ibid.*, p. 458.
32. *Ibid.*, p. 459.
33. *Ibid.*
34. D. Lagache, « La signification psychologique des pronoms de la première personne », *Journal de psychologie*, n° 3-4, avril-juin 1939.
35. *Ibid.*, p. 269.
36. *Ibid.*, p. 272.
37. *Cf.* J.P. Sartre, « La transcendance de l'Ego », *Recherches philosophiques*, VI, 1936-1937.
38. Les expressions entre guilements sont de Lagache *op. cit.*, p. 271-272.
39. R. Zazzo, *Les Jumeaux, le couple et la personne, op. cit.*, p. 277.
40. *Traité du Caractère, Œuvres*, t. II, p. 327-328.
41. *Ibid.*, p. 303.
42. *Ibid.*, p. 565.
43. *Ibid.*, p. 569. *Cf.* également *Le Personnalisme, Œuvres*, t. III, p. 468-469.
44. *Ibid.*, p. 51.
45. G. Madinier, *Conscience et signification, Essai sur la réflexion*, Paris, 1953.
46. *Ibid.*, p. 25.
47. R. Garaudy, *La Théorie matérialiste de la connaissance, op. cit.*
48. *Cf.* H. Wallon, *De l'acte à la pensée*, Paris, 1942 ; P. Malrieu, *Les Émotions et la personnalité de l'enfant*, Paris, 1952.
49. Paris, 1951.
50. Cette seconde partie comporte deux chapitres. Nous nous appuierons ici uniquement sur le premier (La dialectique du comportement animal comme devenir de la certitude sensible) et laisserons entièrement de côté le dernier (La dialectique des sociétés humaines comme devenir de la raison) qui ne nous intéresse pas directement.
51. *Ibid.*, p. 243.
52. *Ibid.*, p. 243-244.
53. *Ibid.*, p. 244.
54. Tran-Duc-Thao, « Le mouvement de l'indication comme forme originaire de la conscience », *La Pensée*, août 1966.
55. *Ibid.*, p. 10.
56. *Ibid.*
57. *Ibid.*, p. 11.
58. *Ibid.*, p. 24.
59. *Cf.* chap. III, p. 56-59.
60. *Phénoménologie et Matérialisme dialectique, op. cit.*, p. 243.
61. *Ibid.*, p. 10.
62. *Cf.* en particulier *Marxisme, existentialisme, personnalisme, op. cit.*, chap. IV : « La croyance ».
63. *Conscience et signification, op. cit.*, p. 135.
64. *Conscience et Amour*, Paris, 1938, p. 17. Le passage souligné ne l'est pas dans le texte.

CHAPITRE IV

De l'individu à la personne

Nous voici introduits au plan de l'éthique. Il faut cependant prendre garde à ne pas faire de la conscience psychologique et de la conscience morale deux entités séparées. Il s'agit d'une seule et même fonction. Le moi ne peut-être divisé : une de ses instances, sorte d'agent de renseignements, serait chargée d'observer et éventuellement d'éclairer, une seconde instance formulerait des appréciations, choisirait entre diverses propositions et déciderait de la conduite à tenir. La conscience est une. Comme l'ont bien montré Maine de Biran et Madinier à sa suite, le moi est un moi militant qui se pose toujours dans un acte d'option.

1. *L'individu comme sujet*

Les exigences de l'analyse obligent certes à des distinctions. Mais le grand tort de la psychologie, telle qu'on la conçoit généralement, est de refuser de prendre en considération l'aspect moral de la conscience. Un tel reproche, dira-t-on, est immérité, car la psychanalyse en renouvelant la psychologie et en y introduisant des perspectives nouvelles a contraint les spécialistes de cette discipline à tenir compte de la morale.

Les découvertes de Freud sont, il est vrai, importantes et on ne peut sans parti pris les rejeter. Ses vues sur le dynamisme de la vie psychologique, par exemple, ou son analyse des significations du comportement constituent un apport décisif à la connaissance de l'homme. Et puisqu'il s'agit ici de conscience morale, il faut reconnaître que son œuvre facilite admirablement l'élucidation du problème des fausses valeurs. Les belles raisons que nous invoquons et qui, croyons-nous, orientent nos actions ne sont pas toujours ni même souvent celles qui nous guident effectivement et président à nos choix. Nos comportements sont, pour le moins, empreints d'ambiguïté. Comme l'écrit Paul Ricœur, « le génie du freudisme est d'avoir démasqué la stratégie du principe de plaisir, forme archaïque de l'humain, sous ses rationalisations, ses idéalisations, ses sublimations ». [1] Mais le *surmoi* peut-il être valablement considéré comme une instance morale ?

C'est un frein dont l'importance à un certain moment du développement de l'être humain ne saurait être minimisée. L'enfant intériorise l'autorité parentale et par l'intermédiaire de la famille apprend à conformer sa conduite aux exigences de la société. Mais le but de l'éducation n'est-il pas de faire passer de l'hétéronomie à l'autonomie, par conséquent de rendre caduques les contraintes du *surmoi* ? Comme l'a montré Piaget, les règles étant données toutes faites à l'enfant, le bien ne se définit pour lui que par l'obéissance. Il évalue les actes en fonction de leur conformité matérielle avec les règles qu'il conçoit à la lettre et non pas en raison de l'intention qu'ils supposent. [2] Les éducateurs auront cependant pour tâche de le faire passer de ce premier système moral, qualifié par Charles Odier de morale inconsciente, à une morale véritablement consciente. Le tableau comparatif des éléments constitutifs de ces deux systèmes moraux que présente Odier, [3] montre la nécessité de ce passage et son analyse, dont le philosophe doit pouvoir tirer le plus grand profit, jette une vive lumière sur l'ensemble du problème moral : l'accession à cette morale qu'il appelle saine par opposition à une autre qui serait inconsciente, l'ouverture de la conscience aux valeurs, supposent l'affranchissement de celle-ci de l'influence du *surmoi*.

Mais cette instance psychologique n'a pas uniquement pour rôle de faciliter l'adaptation de l'homme au milieu social. On peut même dire que la fonction principale que lui reconnaît Freud est de protéger le moi contre les menaces issues des pulsions instinctuelles. Son rôle se situe donc plutôt à l'intérieur de l'histoire individuelle et son importance morale découle de son intervention incessante dans la lutte qui oppose le moi aux pulsions érotiques, l'instinct de vie au sadisme et au masochisme.

Ce second aspect du surmoi ne suffit pas, cependant, à en faire une notion vraiment morale. La conscience morale, comme l'ont bien montré Charles Odier et Igor Caruso [4], tous deux psychanalystes, se situe au-delà du stade narcissique de la défense du moi. A un certain moment, l'idéal du Moi et celui de la personne pulsionnelle se différencient. L'idéal objectif est perçu dès lors que se trouve franchi l'obstacle constitué par le moi lui-même, longtemps serviteur des instincts et prisonnier de l'idéal narcissique. C'est dire que la conscience morale, qui suppose le dépassement de l'égoïsme, est reconnaissance de l'*autre* et qu'elle se définit par l'ouverture et le dialogue.

L'interprétation qu'en donne Freud se révèle incomplète sinon fausse. Ses présupposés métaphysiques lui ont caché la vraie nature de la morale et l'ont conduit à faire du moi la victime de déterminismes implacables et le jouet de forces invincibles. L'œuvre d'Alfred Adler, mieux que la sienne, nous permet de déceler les prodromes de cette conscience morale à l'intérieur même du domaine psychique. Disciple indépendant de Freud, Adler ne considère pas le moi comme préoccupé sans cesse de passer des compromis avec le réel ; il lui apparaît plutôt soucieux de réagir contre le donné et d'affirmer sa puissance. La raison en est que le sentiment d'infériorité constitue sa caractéristique fondamentale. L'analyse adlérienne de la sous-estimation de soi, du sentiment d'infériorité et des mécanismes de compensation qu'ils provoquent, nous situe d'emblée au seuil du domaine moral.

L'homme est un être infériorisé. Cela est normal, car en face des exigences du monde extérieur et de la vie, il éprouve, estime A. Adler [5], l'impression d'être enfermé dans des limites très étroites ; il ne peut, par suite, se sentir en sécurité. Ce sentiment d'infériorité le force alors à rechercher la solution la meilleure qui lui permette de s'adapter au monde. L'enfant, même s'il n'est pas affligé de disgrâces physiques ou de défectuosités constitutionnelles, se rend vite compte de son état de misère et d'insécurité. Pour en sortir, il se cherche des points fixes en dehors de lui, se trace une ligne d'orientation, se projette dans l'avenir sous les traits d'un modèle, le père ou la mère par exemple, ou peut-être plus tard le maître, incarnation de la grandeur et de la puissance, du savoir et du pouvoir. Faible et désemparé, il recherche le sens des choses, et, dès les premiers mois de la vie se forme en lui une certaine image du monde, primitive mais réelle. Les résultats de ses expériences demeurent informulées, mais l'aident à s'orienter et à s'adapter, et en définitive à se créer un style de vie. Contraint de s'adapter au milieu environnant et se trouvant de plus en plus en mesure de le faire, ses comportements s'ordonnent peu à peu autour d'un but à poursuivre. Une conception du monde ou, pour employer une expression plus en conformité avec son état mental, une *ligne d'orientation* idéale se consitue dans son esprit. Celle-ci ne pourrait certes pas être traduite d'une manière intelligible et saisie au travers d'une expression définie ; elle se forme dans les régions de l'être où s'accumulent les expériences, où naissent les impressions agréables, les sentiments de bien-être, de satisfaction et de plénitude. La vie individuelle se caractérise donc par le passage de l'état d'infériorité, d'humiliation et d'insécurité à celui de supériorité, de grandeur et de sécurité ; elle est orientation vers un but, tension vers un avenir.

L'importance de cette projection vers l'avenir, de ce souci du futur, est attestée par la considération de certains malades mentaux : leur personnalité se désagrège quand l'aspiration vers un but s'évanouit. Comme l'estime Henri Baruk qui, en psychopathologie, accorde à la conscience morale une place de premier plan [6], la vie humaine repose sur une impression de continuité et sur le sentiment que nous réalisons en quelque sorte notre destinée. L'absence de ces données affectives consacre la perte de notre moi. Malgré les modifications incessantes de notre être, dues aux combats que nous livrons, malgré les chutes et les remontées, la sensation que notre vie suit un cours ininterrompu, nous procure une impresion de réussite : notre existence, parce qu'elle se dirige vers un but et a un sens, nous paraît justifiée et revêt à nos yeux un prix inestimable. Mais certains hommes éprouvent parfois le sentiment profond d'être dans une impasse ou de se trouver en quelque sorte emprisonnés. Leur avenir leur apparaissant bouché, ils tentent de ne plus y penser ; sentant que leur action sur l'extérieur est vouée à l'échec, ils adoptent une attitude de totale passivité. Le sentiment de la valeur de la vie s'estompe alors et disparaît ; la personnalité tend à se désagréger.

Il est facile dès lors de saisir le lien qui unit la conscience psychologique à la conscience morale. Le style de vie que chaque individu se crée peu à peu détermine toute sa structure psychique. Cette idée, Adler la développera dans la plupart de ses ouvrages, en particulier dans *Connaissance de l'Homme* et *Le Sens de la vie*. A son avis nous ne pensons, ne sentons, ne voulons ni même ne rêvons sans que nous soyons déterminés, conditionnés, animés par un but situé devant nous ; tout au long de notre vie, nous posons des actes en conformité avec notre style de vie. Le psychisme humain, sorte d'appareil de défense et d'attaque, se trouve en quelque sorte modelé. L'un des aspects intéressants de l'œuvre d'Adler consiste justement dans la mise en évidence du rôle de prévision des actes et des événements et de conception des moyens, exercé par la pensée. Toutes les fonctions psychologiques lui apparaissent en permanence mobilisées, la perception, la mémoire ou l'imagination, par exemple, intervenant continuellement dans le processus d'adaptation à la vie, en accord avec le style de vie.

Mounier insistera fortement, lui aussi, sur l'importance de la notion d'avenir et sur la nécessité pour comprendre une situation psychologique de tenir compte de l'histoire du sujet. « ... Dès les démarches les plus modestes de la vie, affirme-t-il, à la suite d'Adler et d'autres psychiatres, nous voyons le facteur individuel s'affirmer non par la seule complication d'un écheveau de déterminismes, comme le conçoit Freud, mais par le *maintien d'un avenir*, contre vents et marée, à l'individu que les déterminismes compromettent. L'activité personnelle est de même dessin sinon du même ordre. Elle est essentiellement — ou la durée n'a aucun sens — *le maintien et l'organisation d'un avenir à travers un rythme de poussées, de périodes étales et de crises* ».[7] Il sera amené ainsi à situer le caractère dans une perspective métapsychologique et à mettre en relief son aspect social et surtout moral. Il le définira comme un acte non comme un fait, considérera son domaine comme relevant de l'acte moral et jettera les bases d'une caractérologie personnaliste, qui aura pour principe fondamental de ne pas placer les êtres humains, pour les étudier, sur un plan de pure objectivité et d'intemporalité, mais au contraire d'intégrer les actes par lesquels ils s'expriment à une histoire : l'individu est affirmation de soi, c'est-à-dire qu'adossé à un passé vivant, il est en mouvement vers un avenir.

Adopter une telle attitude ne revient pas pour autant à confondre les divers niveaux de la réalité humaine. Mounier, tout en affirmant l'existence de rapports entre les points de vue psychologique et éthique en caractérologie, ne manquera pas de préciser la mesure dans laquelle ils se trouvent liés. « Appartient au caractère tout ce qui peut devenir l'objet d'un jugement moral ». Il fait volontiers sienne cette appréciation de M. Dessoir [8], qui apparaît capitale pour une double raison. Le domaine du caractère ne se confond pas avec celui de la morale car il comprend ce qui est susceptible de donner lieu à un jugement moral. Nous sommes encore au seuil de l'éthique ; nous y entrerons dès lors que nous aurons insisté sur le terme jugement. Il n'y a pas, en effet, de conscience morale véritable sans une activité judicatoire. De cela Mounier est bien conscient, quoique certains passages de son *Traité du caractère* laissent percer quelques ambiguïtés.

S'il est vrai, comme il le pense, qu'on ne peut concevoir un avenir sans une valorisation, est-il encore juste d'affirmer qu'en se donnant un avenir l'individu par le fait même *accepte* des valeurs, ce qui ne signifie pas autre chose qu'il reconnaît en dehors de lui l'existence de principes objectifs et transcendants susceptibles d'orienter sa vie ? Il y a là deux problèmes qui se situent à des niveaux différents de réalité. Si l'enfant, comme Adler l'a montré, se trace une ligne d'orientation idéale et essaie de s'y conformer, si l'adulte vit, les yeux toujours fixés sur un but et l'esprit tendu vers le futur, cela ne veut pas dire qu'ils se laissent nécessairement guider par des valeurs, du moins par des valeurs dont ils ne seraient pas en quelque sorte eux-mêmes les créateurs. Leurs actes ne sont pas posés en référence à quelque chose qui serait bien ou mal pour d'autres êtres qu'eux-mêmes. *Tout homme se donne une loi propre, seul est moral celui qui confronte sa loi à une autre de portée universelle*. L'être moral est celui qui reconnaît l'existence d'autrui. Et si l'autre a, lui aussi, sa loi, il faut, pour qu'une entente soit possible, pour qu'un acte ait un sens et ne soit pas agitation stérile, simple mouvement physique dans un monde fou, que subsiste une possibilité d'appréciation par rapport à une norme transcendante.

C'est un aspect du problème de l'existence des valeurs subjectives et des valeurs objectives. En fait les deux ordres doivent être reconnus. Tout homme vit en se laissant guider par des valeurs qui lui sont propres. La considération des névrosés, à la limite, le révèle bien : si toute conduite, même pathologique, prend un sens, replacée dans l'histoire d'un individu, c'est que celui-ci l'a posée en conformité à un principe d'action réel. Mais au delà des valeurs individuelles ou subjectives, qui nous éclairent et nous guident à tout instant de notre vie, se situent des valeurs objectives : l'absolu existe, sinon nous sombrons, nous sommes dans l'arbitraire et l'absurde. Entre ces deux séries de valeurs s'articulent un certain nombre d'autres qui s'étagent en paliers successifs : celles qui sont propres aux divers groupes sociaux, aux sociétés globales. à des aires de civilisation, et, par delà, celles qui sont communes à l'humanité entière.

Ne pouvant en quelques mots aborder ce vaste et délicat problème des valeurs, nous réservons la question de l'origine dernière des normes transcendantes : la Société, Dieu ? Cet absolu qui nous dépasse, cette autorité immédiate qui s'impose à nous, nous pouvons au moins l'appeler simplement *raison*. Cela suffit à assurer à ces valeurs que nous estimons suprêmes un caractère objectif et universel.

De même nous ne pouvons pas aborder ici l'étude en profondeur de ce difficile problème d'une créativité humaine des valeurs. L'individu instaure-t-il son propre ordre par une invention radicale ? Evidemment il ne s'agit pas ici de la réalité de ces « valeurs » que nous avons précédemment appelées individuelles ou subjectives et qui se rattachent à cette loi singulière, cette ligne d'orientation générale que chacun se fixe dès l'enfance. Se trouve en cause la possibilité pour une liberté d'instituer un ensemble de règles éthiques et de principes de vie dans une indépendance totale.

Contentons-nous de rappeler la position globale des personnalistes chrétiens : les valeurs, même si nous ne les inventons pas, ne sont pas des choses figées que nous recevons passivement. Jean Pucelle a exprimé des vues très proches et son ouvrage sur *La Source des valeurs* [9] propose une solution au problème de la nature de la valeur qui nous paraît pouvoir être adoptée par tout personnaliste. « Oscillerons-nous, se demande-t-il, entre un durcissement de la valeur qui la condamne dans sa définition même en la solidarisant avec une donnée indifférente, et un mobilisme qui tend à la livrer aux écarts de la fantaisie ou à la volatiliser dans un épiphénomène ? » [10] Se refusant à poser le sujet par opposition à un objet, le situant au contraire en face d'un autre sujet, il montre que les valeurs ne peuvent surgir de notre spontanéité car nous ne sortirions pas de l'angoisse, ni se présenter comme un en-soi ou un ensemble d'essences pures, sinon notre autonomie serait fort limitée. Elles lui apparaissent liées à l'échange des volontés, issues du commerce des consciences. A moins d'être mirage ou délire, il leur faut pouvoir être partagées. « La valeur s'authentifie par le partage (consensus) et elle se consolide par l'objectivation dans une société structurée et pourvue de normes ». [11]

La liberté et la rationalité, ces deux dimensions de la conscience de soi, se trouvent ainsi admirablement sauvegardées, les sujets toujours saisis en état de réciprocité et l'activité judicatoire de la conscience morale reconnue. « Se réaliser », c'est viser à atteindre un état de supériorité, de grandeur et de sécurité, en se laissant guider par un certain nombre de « valeurs » individuelles et subjectives ; c'est aussi tendre vers ce but en respectant les aspirations et les lignes d'orientation des autres et en actualisant des valeurs qui ne sont pas des essences pures mais s'authentifient par le partage et que l'on pourrait qualifier d' « objectives-subjectives » ou « trans-subjectives » ; c'est grâce à la conscience qui, comme Sartre l'a montré, est refus et négation, se détacher en quelque sorte de soi, mais en même temps s'élever vers un plus-être, car cette conscience, comme Madinier de son côté l'a souligné, est également surgissement d'une exigence, orientation vers la perfection ; c'est enfin par le dialogue et par l'échange permettre à l'autre de tendre lui aussi à la perfection. Cela suppose confrontation, évaluation, appréciation et par conséquent jugement.

Il faut prendre garde cependant à ne pas concevoir les relations entre les sujets d'une manière idyllique, ce qui est malheureusement une des tendances de l'idéalisme moral. Le commerce des consciences n'est pas de tout repos ; la violence en est la marque habituelle. Sans cesse pèse sur autrui la menace d'être ou absorbé ou détruit. Il convient donc de bien préciser pourquoi il est important de poser le sujet en face d'autrui considéré comme sujet et non en quelque sorte comme chose. Mais alors une démarche préalable s'impose : il faut déterminer comment s'opère cette reconnaissance d'autrui.

Ce n'est pas la phénoménologie qui nous le révèlera. Cette question fait justement apparaître certaines de ses limites. Comme l'a montré Paul Ricœur, dans un article que nous suivrons de très près [12], il n'est guère possible de rendre valablement compte de la présence d'autrui si l'on a préalablement procédé, à la manière de Husserl, à une réduction à la sphère de l'appartenance propre. L'existence d'autrui ne se fonde pas sur des descriptions des modes de son apparaître. Et si c'est en moi qu'autrui se dévoile, il est difficile de le poser comme autre que moi.

La tentative de Scheler de substituer à la perception une étude de l'affectivité, qui constituerait la voie privilégiée d'accès à autrui n'aboutit pas mieux. Son esquisse phénoménologique de la sympathie n'arrive pas à dissiper toute confusion. La raison en est double : il est difficile d'arriver à bien distinguer la sympathie de la contagion affective et de la fusion affective ; de plus Scheler lui-même, au cours de son analyse, a sans cesse été animé par des soucis différents : « *celui de scinder descriptivement* la sympathie de la contagion et de la fusion affectives, celui de *réenraciner vitalement* la sympathie dans la fusion ». [13]

Cela conduit tout naturellement à se poser la question suivante : « l'équivoque qui paraît inhérente à la sympathie ne doit-elle pas sans cesse être tranchée par un acte de position d'autrui en tant qu'autrui, par un acte qui confère à la sympathie ce discernement de la distance entre les êtres que la phénoménologie déclare constater ? » [14]

Ce n'est pas en direction d'une phénoménologie de style hégélien que Ricœur s'orientera pour découvrir cet acte fondamental qui pose autrui. L'importance de la négativité inscrite au sein des relations humaines sera reconnue, une fois établi solidement ce qui peut donner un sens au conflit et à la lutte. Il aura recours à Kant et c'est sous l'égide d'une éthique du respect qu'il unira une éthique de la sympathie qui, pour reprendre son expression, « intimise » les rapports entre les hommes, et une éthique de la lutte, qui, elle, les « historise ». « Le respect, écrit-il, me paraît être le moment non seulement trans-affectif qui peut justifier critiquement la sympathie, mais trans-historique qui nous permet d'accepter ou de refuser ce que l'histoire produit dans la douleur. La justification critique de la sympathie est aussi rectification pratique de la lutte ». [15]

Justification de la sympathie ! En effet grâce au respect l'altérité des consciences subsiste toujours, alors que la fusion des consciences tend à la faire disparaître. De plus se trouve nettement établie la supériorité de la sympathie — qui est une supériorité éthique — sur tous les autres affects inter-subjectifs, l'antipathie, par exemple, ou la colère, la haine, la jalousie.

Rectification de la lutte ! En vérité celle-ci ne livre pas d'emblée sa signification et seul le respect nous permet d'éviter une adoration pure et simple de l'histoire. Comment le marxiste, par exemple, peut-il considérer la conscience du bourgeois comme le lieu du mensonge s'il ne reconnaît pas qu'elle porte en elle une *intention* que les actes effectivement accomplis viennent sans cesse contredire ? Comment sait-il qu'au contraire une portée universelle est attachée à l'action du prolétaire et que seul celui-ci est le dépositaire des valeurs authentiques, s'il ne projette pas au terme de la lutte une vision éthique de l'homme ?

Ces questions, Ricœur les posera au cours d'un débat avec des philosophes marxistes sur le thème *Morale de classe, morale universelle*. Son exposé montrera avec la plus grande netteté l'absolue nécessité de maintenir unies la morale de l'intention et la morale de l'efficacité, l'éthique du respect et l'éthique de la lutte. « Seul le respect..., écrivait-il déjà dans cet article de la *Revue de métaphysique et de morale*, peut anticiper la *fin* de la lutte, au double sens de visée morale et de terme historique, et ainsi donner une mesure à la violence ». [16]

Nous voyons ainsi tout de suite quelles considérations se trouvent à l'origine de la question morale. En posant le problème de la seconde personne, Ricœur posait le problème du fondement même de toute morale, quels que soient les arrière-plans métaphysiques. Sa réponse nous semble incontestable :

« 1°) Il n'y a pas à choisir entre une éthique formelle du respect et une éthique matérielle, soit de la sympathie, soit de la lutte. Le propre d'un formalisme est de fournir à l'éthique l'armature *a priori* impliquée dans le moment de « prise de position » à l'égard d'autrui et appelée à s'achever dans le sentiment et dans l'action. Il n'y a pas de morale concrète qui ne soit que formelle ; mais il n'y a pas de morale sans un moment formel. C'est là que Kant est invincible : la pauvreté du formalisme est sa force. C'est pourquoi la suite d'alternatives : Kant ou Hegel, Kant ou Marx, Kant ou Scheler, est une suite de fausses alternatives ; la seule question est de savoir comment continuer, quand une fois on a commencé avec Kant.

2°) Il y a une reconnaissance d'autrui liée au moment formel de l'éthique ; par cet acte de reconnaissance, la prétention du moi à se poser par soi et pour soi trouve sa limite ; autrui est ainsi une fonction de la bonne « volonté » au sens kantien du mot ; cette position d'autrui, impliquée dans la bonne volonté, constitue l'aspect pratique et éthique de la finitude ».

3°) La position formelle d'autrui dans le respect s'achève doublement dans la sympathie et dans la lutte ; c'est ici que s'affrontent et se coordonnent une phénoménologie de la sympathie et une histoire de la violence ». [17]

Nous voyons dès lors pourquoi il faut poser le moi en face d'un autre moi et quelles conclusions nous pouvons tirer de toutes les analyses précédentes. Union d'une nature et d'une culture, *l'individu* est un sujet qui se constitue définitivement grâce aux valeurs et qui se pose dans un acte, synthèse de la liberté et de la rationalité. *Possibilité de signe* [18], telle est sa caractéristique fondamentale. Ainsi devenir une personne, c'est donner à l'individuel en nous une certaine signification. Madinier et Lacroix l'ont proclamé avec force ; Mounier, lui aussi, en particulier dans ses écrits parus après la guerre, a défini la personne comme « unité significative » [19], et Ricœur, de son côté, la considère comme « une synthèse projetée, une synthèse qui se saisit elle-même dans la représentation d'une tâche... » [20] Donner à l'individuel une signification, il faut cependant ne pas perdre de vue que cette démarche débute par le respect. Je ne peux devenir une personne si ne s'épanouit en moi ce sentiment moral, grâce auquel je me propose « ... une fin de mon action qui serait en même temps une existence. Une fin, par conséquent un terme à quoi se subordonnent tous les moyens et tous les calculs de moyens ; mieux une fin en soi, c'est-à-dire dont la valeur ne soit subordonnée à rien d'autre ; et en même temps une existence que l'on constate, mieux une présence avec laquelle on entre dans des relations de compréhension mutuelle, d'échange, de travail, de société ». [21]

2. L'individu comme être objectivé

L'aspect théorique de la démarche personnalisante une fois établi, il reste à en préciser les conditions concrètes de réalisation. Le personnalisme ici rejoint en partie le marxisme. Devenir une personne, c'est donner à l'individuel une certaine signification. Mais cette tâche est entravée, cette personnalisation ne peut pleinement se réaliser, par suite de *l'aliénation* de l'individu dans le monde actuel. « Les individus qui ne sont plus subordonnés à la division du travail, les philosophes se les sont représentés comme idéal sous le vocable l'homme... », a écrit Marx. [22] Les personnalistes chrétiens n'ont aucune peine à l'approuver.

La distinguant de la réification qui n'en serait que le cas limite, Henri Lefebvre considère l'aliénation comme permettant seule « de concevoir rationnellement le rapport entre la réalisation de l'humain et l'historicité de l'homme ».

« Plus précisément encore, ajoute-t-il, l'aliénation se situe dans ce qui empêche le processus d'aller vers ce qui lui donne son sens. Elle voile le possible et arrête le mouvement. Elle interdit le *dépassement*, la solution des conflits nécessaires et féconds, la réalisation du possible ». [23]

Ces remarques sont importantes. L'individu est possibilité de signe, avons-nous dit ! La prise en considération du phénomène de l'aliénation nous aide à comprendre ce qui fait échec à la personnalisation. En même temps nous entrevoyons la voie de la victoire. Certes l'individu est un être signifiant à qui est enlevé sa signification. Mais si devenir une personne c'est donner à l'individuel un sens, cela implique nécessairement une lutte contre l'aliénation, contre toutes les formes qu'elle peut revêtir ici ou là.

Les philosophes personnalistes n'ont pas élaboré eux-mêmes une théorie de l'aliénation ni procédé à une élucidation de ce concept. Jean-Marie Domenach a même proposé de renoncer à l'emploi de ce mot, dont la valeur critique s'est, à son avis, considérablement émoussée par suite de l'utilisation abusive qui en a été faite de toutes parts. [24] Il est vrai qu'en attaquant l'aliénation comme « concept mythologique », son propos visait, comme il l'a lui-même précisé [25], à la restaurer comme « concept philosophique ».

Tout au long de ses écrits, Mounier n'a cessé de présenter une description de l'aliénation de l'homme dans le monde moderne, reprenant parfois la distinction désormais classique entre ce qu'on *a* et ce qu'on *est*, faite par Gabriel Marcel dans son analyse phénoménologique de l'avoir.[26] Il semble faire sienne la conception marxiste : dépossédé de ses moyens de production et de ses œuvres, devenu étranger à lui-même, son travail n'étant pas ordonné à une fin voulue par lui, l'homme est transformé en chose et considéré comme objet dans ses rapports avec les autres hommes, l'argent tendant à assurer seul la médiation entre eux. Mais Mounier ne donne pas du processus la même explication que Marx. La propriété privée qu'il condamne, lui aussi, ne lui apparaît pas comme la source unique de l'aliénation, et la destruction de la société bourgeoise, si elle s'impose, ne provoquera pas forcément le retour de l'homme à son existence humaine, comme le pensait Marx [27], et n'entraînera pas la disparition de toute aliénation.

Quelles structures économiques peuvent, en effet, garantir automatiquement le *respect* d'autrui, comme citoyen ou comme homme privé, engagé dans un tissu de relations inter-individuelles, celles de l'amour entre homme et femme, par exemple ? Même si l'on ne pense qu'à l'individu, comme homme public, n'est-on pas en droit d'exiger que les philosophes communistes révisent leur conception de l'aliénation, après la condamnation du stalinisme qu'ils ont prononcée ou approuvée ?

Dans l'avant-propos qu'il a rédigé pour la cinquième édition de son ouvrage, *Le Matérialisme dialectique*, Henri Lefebvre [28] a reproché aux marxistes, qu'il qualifie de dogmatiques, de reléguer à l'arrière-plan le concept d'aliénation, de n'y voir qu'une simple étape de la pensée de Marx et de ne pas admettre la possibilité d'aliénations dans le socialisme lui-même. Si cette critique était acceptée, une modification de maintes analyses idéologiques et politiques devrait s'en suivre, mais également une mise en question de l'explication même que donne Marx du processus.

Si en effet, la société socialiste n'est pas à l'abri de certaines formes d'aliénations, c'est que la suppression de la propriété privée ne permet pas à elle seule de les dépasser. L'aliénation n'a donc pas pour cause un événement historique, ses racines ne sont pas uniquement dans l'économie ; elle s'explique par la présence en l'homme de ce qu'il faut bien appeler le mal. Aussi la lutte préconisée par Mounier n'a-t-elle jamais été limitée au seul domaine économique ou politique.

Les circonstances dans lesquelles est né le mouvement personnaliste demeurent parfois dans l'oubli. Il n'a pas été une tentative de rajeunissement du vieux spiritualisme crispé sur la défense de la « personne humaine », valeur intemporelle, posée en dehors de la réalité humaine. Mounier a écrit lui-même : « Le mouvement personnaliste est né de la crise qui s'ouvrit en 1929 avec les kracks de Wall street... » [29] Cela doit être retenu si l'on veut comprendre le sens de sa démarche. « Sa grande force, comme le dit Ricœur, est d'avoir, en 1932, lié à l'origine sa manière de philosopher à la prise de conscience d'une crise de civilisation et d'avoir osé viser, par delà toute philosophie d'école, une nouvelle civilisation dans sa totalité ».[30] Ainsi sa préoccupation première n'a pas été d'établir une nouvelle problèmatique « mais de peser sur l'histoire par un certain type de pensée combattante ».[31]

Pour expliquer cette crise qui avait débuté en 1929, deux thèses s'affrontaient. Crise économique, affirmaient les uns : il faut transformer radicalement les structures économiques de la société. Crise de l'homme, crise morale, répliquaient les autres : c'est donc l'homme qu'il faut changer. Rejetant cette alternative, Mounier répondra avec netteté : « La Révolution morale sera économique ou ne sera pas. La Révolution économique sera « morale » ou ne sera rien ».[32] Il admettait ainsi avec les marxistes l'urgence d'une modification fondamentale de l'économie, en maintenant cependant la nécessité d'une autre transformation, plus difficile peut-être à réaliser, dont le besoin, en tout cas, ne cesserait jamais de se faire sentir.

Mais cette lutte contre toutes les formes d'aliénation, voulue par Mounier, implique-t-elle le refus de toute objectivation ? L'individu n'est-il que sujet ? Il y a là un problème important, difficile même, et que l'on ne peut esquiver. Aliénation et objectivation sont-elles des manières différentes de nommer un même processus ? Ces concepts recouvrent-ils au contraire des réalités différentes ?

Hegel les a toujours maintenus dans l'unité. Marx le lui reprochera et distinguera nettement l'objectivation, processus nécessaire par lequel l'homme, placé en face de la nature et du monde social, s'y extériorise en produisant des œuvres par son travail, et l'aliénation, processus nullement nécessaire, par lequel l'homme, ne se reconnaissant pas dans les œuvres qu'il a lui-même créées, est rendu étranger à soi. Georges Lukacs, disciple de Marx, a cherché à confronter les deux points de vue. De son côté, Jean Hyppolite a repris l'étude de la question et montré les raisons qui obligent à confondre les deux concepts, justifiant ainsi la position hégélienne.[33]

Les limites de notre travail ne nous autorisent pas à reprendre cette confrontation. Il faut reconnaître avec Hyppolite que le concept d'aliénation ne se réduit pas purement et simplement, comme l'estime Marx, au concept d'aliénation de l'homme dans le capital. Mais a-t-il raison d'affirmer : « Ce n'est là qu'un cas particulier d'un problème plus universel qui est celui de la conscience de soi humaine, qui, incapable de se penser comme un cogito séparé, ne se trouve que dans le monde qu'elle édifie, dans les autres moi qu'elle reconnaît et où parfois elle se méconnaît ».[34] C'est là que se situe notre désaccord avec Hegel et Hyppolite. L'aliénation, s'il est vrai qu'elle n'a pas sa source et son terme dans l'histoire, est-elle pour autant inséparable de l'objectivation ?

L'individu (ou la conscience de soi) se trouve dans le monde qu'il édifie ! Il s'agit là d'objectivation, processus dont il faut reconnaître la nécessité. Dans le portrait qu'il trace de la *belle âme*, Hegel montre bien que la conscience de soi en se repliant dans son intimité et en refusant « de souiller la splendeur de son intériorité par l'action et l'être-là »[35], au lieu de s'enrichir, s'appauvrit considérablement et finit par se perdre et disparaître.

L'individu se trouve dans les autres moi qu'il reconnaît ! Il s'agit là d'un processus également nécessaire. Peut-on cependant l'appeler objectivation ? Reconnaissance d'un moi par un autre signifie rencontre de deux sujets, soit directement soit indirectement à travers des œuvres. Au contraire quand je méconnais l'autre, je le prends comme objet, le considère comme une chose prête à me servir, et par conséquent l'aliène. Bref, quand le moi est posé en face de la nature et d'un ensemble de moi, le monde social, il y a objectivation mais pas nécessairement aliénation. Celle-ci, comme le note Ricœur « est au sens propre la perte de l'homme non seulement dans un autre, mais au profit d'un autre homme qui l'exploite ».[36] L'objectivation devient aliénation quand les hommes se trouvant en rapport se méconnaissent.

Nous pouvons donc admettre avec Hyppolite qu'il existe une très grande solidarité entre le problème philosophique de l'aliénation et celui de l'objectivation humaine, qu'une transformation historique ne suffira pas à faire disparaître, sans pour autant, dans la réconciliation, découvrir avec Hegel et avec lui, toujours une forme inévitable d'aliénation. Dès qu'il y a objectivation, il y a risque, mais seulement risque, d'aliénation. Se personnaliser, devenir une personne, c'est par conséquent accepter l'objectivation de l'individu mais refuser son aliénation.

Rejeter toute objectivation, comme le fait Berdiaeff[37], c'est ramener le personnalisme à un idéalisme à la manière de Platon. Si le monde est le lieu de la déchéance, si l'objectivation est un refroidissement du feu créateur de l'esprit, si l'homme, pour échapper au mal du temps, doit se replier dans la profondeur de l'existence, l'évanouissement qui menace la « belle-âme » ne pourra être évité qu'en s'établissant par l'intuition dans l'éternité. Le mysticisme a sa valeur, mais il demeure le privilège d'un très petit nombre. Le présenter comme l'unique voie offerte à l'homme revient à condamner comme inauthentique la vie et l'existence de l'ensemble des hommes. En fait, c'est, en partant d'un schéma dualiste, échouer à trouver une signification au monde et à l'action que nous y exerçons pour le transformer.

Il faut poser l'antinomie sans en hypostasier l'un des termes. L'individu est sujet ; l'individu est également être objectivé, il est pour ainsi dire objet. Mais le sujet doit pouvoir se reconnaître dans l'objet, et devenir une personne, en quelque sorte c'est par le travail produire une œuvre sans en devenir l'esclave. Œuvre singulière et en même temps collective, car l'être humain n'est pas seul en face d'une nature à modeler ; son travail le lie toujours à l'ensemble des hommes.

La démarche personnalisante s'éclaire ainsi de plus en plus et la notion de personne se révèle déjà dans toute sa richesse. Mais avant de montrer comment l'antinomie acceptée se trouve résolue et dépassée, il convient d'insister quelque peu sur ce second élément que l'analyse nous révèle : l'objectivation, c'est-à-dire l'extériorisation de l'homme par le travail.

Une conception personnaliste du travail existe. Mounier et surtout Bartoli, Lacroix et Ricœur l'ont édifiée ou élaborée dans ses grandes lignes. [38] Elle est largement tributaire de Hegel et de Marx, mais si elle fait sienne la notion de civilisation du travail, elle en marque cependant les limites. Son originalité tient à ce qu'elle intègre l'humanisme marxiste, en l'occurrence la philosophie de l'homme travailleur, dans une perspective plus large. Ce qui importe pour notre propos, c'est moins de l'exposer que d'en indiquer la visée fondamentale. Ainsi verrons-nous maintenus les deux termes de l'antinomie, l'intériorité et l'extériorité, l'individu comme sujet et l'individu comme être objectivé, sans que la célébration de l'un conduise à son adoration.

Que le travail soit l'acte essentiel par lequel l'homme se produit lui-même, c'est là un acquis définitif de la pensée hégélienne et marxiste. Aussi bien la critique ne s'exerce-t-elle pas à ce niveau. « Travailler, écrit par exemple Jean Lacroix, c'est se faire en faisant une œuvre, se perfectionner en perfectionnant le monde. La loi du travail implique que l'homme ne peut s'atteindre authentiquement lui-même que par la médiation du monde et la traversée de la nature... La grande leçon de l'œuvre est qu'elle ne peut naître qu'autant que l'esprit s'oublie lui-même, se tourne vers elle, se subordonne généreusement à elle ». [39]

Mais au-dessus ou, si l'on préfère, à côté du travail existe-t-il quelque chose d'aussi important et fondamental, susceptible de caractériser l'existence humaine ? Hegel plaçait la sagesse. Il serait facile de citer un grand nombre de textes de Marx, tendant à montrer que lui, il ne voyait rien en dehors du travail. Il ne faut pas oublier cependant que pour Marx l'histoire conduit à la réalisation du règne de la liberté. Ces quelques lignes du *Capital* méritent d'être citées : « En fait, le royaume de la liberté commence seulement là où l'on cesse de travailler par nécessité et opportunité imposée de l'extérieur ; il se situe donc, par nature, au-delà de la sphère de production matérielle proprement dite. De même que l'homme primitif doit lutter contre la nature pour pourvoir à ses besoins, se maintenir en vie et se reproduire, l'homme civilisé est forcé, lui aussi, de le faire et de le faire quels que soient la structure de la société et le mode de la production. Avec son développement s'étend également le domaine de la nécessité naturelle, parce que les besoins augmentent ; mais en même temps s'élargissent les forces productives pour les satisfaire. En ce domaine, la seule liberté possible est que l'homme social, les producteurs associés règlent rationnellement leurs échanges avec la nature, qu'ils la contrôlent ensemble au lieu d'être dominés par sa puissance aveugle et qu'ils accomplissent ces échanges en dépensant le minimum de force et dans les conditions les plus dignes, les plus conformes à leur nature humaine. Mais cette activité constituera toujours le royaume de la nécessité. C'est au-delà que commence le développement des forces humaines comme fin en soi, le véritable royaume de la liberté qui ne peut s'épanouir qu'en se fondant sur l'autre royaume, sur l'autre base, celle de la nécessité ». [40] Ainsi le travail, même non aliéné dans une société qui a supprimé la propriété privée, ne suffit pas à exprimer la totalité de l'homme. Le but de l'humanité, pour Marx, n'est pas la possession du monde par le travail, mais la liberté.

En fait il n'y a nulle contradiction chez Marx et sa pensée est claire : actuellement, dans la phase historique où nous sommes placés, rien ne se trouve au-dessus du travail et la sagesse hégélienne n'est que mystification ; plus tard, quand la libération de l'humanité sera totale, le travail se subordonnera à autre chose, afin que soit complet l'épanouissement de l'homme.

Ici se situe le point de divergence entre marxisme et personnalisme. Quel que soit le type de société envisagé, il faut reconnaître que l'homme en humanisant la nature risque de se naturaliser. C'est partout, c'est toujours, c'est dès maintenant qu'il faut tenter « de contrebattre « l'objectivation » par la « réflexion », comme l'écrit Ricœur, de compenser l'adaptation de l'homme ouvrier à un travail *fini*, par l'interrogation de l'homme critique sur sa condition humaine dans son ensemble et par le chant de l'homme poétique ». [41]

L'harmonisation de cette double activité n'est certes pas aisée. Chez l'homme, constate Lacroix, « il y a divorce de la réflexion et de la création et toutes les grandes philosophies ont tenté de retrouver leur unité à la limite. Mais cette limite précisément est inaccessible à l'homme. Aussi y a-t-il dialogue continu entre le travail, qui est engagement et la parole, qui est dégagement pour un réengagement ». [42] De son côté, Ricœur déclare : « *L'éducation*, au sens fort du mot, n'est peut-être que le juste mais difficile équilibre entre l'exigence d'objectivation — c'est-à-dire d'adaptation — et l'exigence de réflexion et de désadaptation ; c'est cet équilibre tendu qui tient l'homme debout ». [43]

Peu de philosophies ont su sauvegarder ce double aspect de notre existence et ne pas mutiler la réalité humaine. Le personnalisme y arrive, s'interdisant toute glorification de l'un des deux termes de l'antinomie au détriment de l'autre. Citons encore Jean Lacroix : « L'homme est fait pour travailler, transformer, créer, mais aussi pour réfléchir sur toutes ses créations et se reprendre sans cesse à partir d'elles, pour ne se perdre en aucune. Et c'est ce va-et-vient entre la création et la réflexion qui constitue toute l'histoire humaine ». [44] On peut ajouter que là réside la caractéristique propre du processus de personnalisation.

L'individu est un sujet, il est possibilité de signe ; devenir une personne c'est donner à l'individuel en nous une certaine signification. L'individu est un être objectivé ; il s'extériorise par le travail ; devenir une personne c'est produire une œuvre et éviter de s'en faire l'esclave. Qu'est-ce à dire, sinon que devenir une personne, **se personnaliser, c'est donner à son œuvre une certaine signification.**

Dès lors on comprendra aisément toute l'importance de la notion de justice. Pour donner à l'individuel en nous et à notre œuvre un sens, une garantie et une protection de l'individu s'avèrent indispensables. La justice est essentiellement l'acte qui valorise l'individualité et l'œuvre humaine, c'est l'acte qui me permet de disposer de moi et qui permet à l'autre de disposer de lui. [45]

Et puisque toute œuvre est d'une certaine manière collective, la justice, liée à ce sentiment moral fondamental qu'est le respect, se situe à tous les niveaux de relations entre les hommes : au sein de la famille, « incarnation du social privé » [46], des multiples groupements dont l'ensemble forme la nation, « incarnation du social public » [46], enfin des collectivités supra-nationales et de la société internationale. Pour conférer à son œuvre une signification et pour que l'autre puisse, de son côté, en faire autant, nous avons besoin d'être *reconnus* l'un par l'autre. Cette reconnaissance s'impose à l'échelon inter-individuel autant qu'international, et à tous les stades intermédiaires constitués par les relations entre les divers groupements sociaux. La justice se révèle donc comme le fondement même de la paix, qui doit s'instaurer dans les rapports privés et publics, entre les hommes et entre les peuples, et sans laquelle ne peut s'édifier et se consolider nulle œuvre, aussi bien personnelle que collective.

3. *Personne et vocation*

Mais qui me garantit que la signification que je donne à mon œuvre est valable, bonne ou simplement la meilleure possible à la fois pour moi et pour les autres ? Devenir une personne c'est donner à son œuvre un sens. Lequel ? Et au nom de quoi ou de qui faut-il lui en conférer un ?

Nous voici parvenus au terme de notre analyse de la notion de personne. La singularité et le caractère d'être raisonnable et libre, qui, selon la définition de Boèce acceptée par tous les penseurs chrétiens du Moyen Age, en constituaient les éléments principaux, ont été nettement séparés au cours des temps. Le grand mérite des philosophes personnalistes est de les avoir à nouveau liés étroitement et d'avoir par là même insufflé à la notion une vigueur nouvelle. L'individu défini comme sujet est apparu comme cet être singulier, incarné dans le monde physique et social, qui se réalise dans l'acte moral, synthèse de la liberté et de la rationalité.

Mais la grande originalité du personnalisme chrétien réside dans l'introduction au sein de la notion de personne de divers autres éléments qui peuvent se grouper autour de cette idée d'une *œuvre* à accomplir par le sujet et de *l'appel* à la réaliser qu'il reçoit. Il nous reste donc à nous interroger sur le concept de vocation, qui se situe au centre de la pensée de la plupart des philosophes personnalistes.

Landsberg plus que d'autres a essayé d'en préciser le sens et d'en montrer la place dans une théorie de la personne. Divers articles parus avant la dernière guerre et réunis sous le titre *Problème du personnalisme*[47] attestent de l'importance qu'il lui accordait. En nous appuyant sur eux, nous présenterons une rapide description des quelques thèmes qui s'ordonnent autour de cette idée de vocation et grâce auxquels le personnalisme s'est en partie fait connaître. Nous essaierons ensuite de réfléchir sur leur portée.

Landsberg pose comme condition préalable à l'élaboration d'une théorie de la personne la reconnaissance de la singularité de l'être personnel. Dans son article sur « l'idée chrétienne de la personne », il insiste longuement sur ce qu'il appelle le « phénomène de la différence centrale ». Il ne s'agit pas là d'un postulat de base, mais d'une évidence première, résultat d'une intuition simple. Comme le *cogito* cartésien, son degré de certitude est supérieur à celui de toutes les vérités scientifiques.

Passons sur la place respective qu'il accorde à l'hérédité et au milieu physique et social. La personne, telle qu'il la conçoit, pénètre tout cet impersonnel pour constituer une totalité concrète indissoluble. L'exemple des jumeaux montre bien, à son avis, cette différence centrale : l'influence de l'hérédité et la pression du milieu sont sensiblement égales pour les deux. Pourtant même s'ils se ressemblent beaucoup, ils demeurent différents. Le double ne peut exister ; par définition ce n'est pas un être humain mais un spectre.

L'explication de cette différence se trouve dans la situation que nous occupons dans l'espace et le temps. Je suis un « moi-ici-maintenant ». Le mouvement que j'exécute et l'action que j'entreprends comprennent toutes les dimensions de l'espace dans lequel je vis ; de plus ils visent un futur immédiat ou lointain et font suite à d'autres mouvements, à d'autres actions. La place que j'occupe et le moment où je l'occupe font de moi un être à qui aucun autre être ne ressemble vraiment. Quant au contenu même de cette différence, il se révèle à chaque homme dans la manière propre dont il rencontre Dieu.

Il est donc possible d'insister particulièrement sur cette singularité ; l'on ne court aucun risque de faire de la solitude notre condition profonde. Rien n'est en effet plus opposé à la pensée de Landsberg que ce thème romantique. Si telle personne se révèle comme essentiellement distincte de toute autre, elle n'est pas pour autant seule ni isolée. Notre présence au monde qui est réelle nous rattache à l'ensemble de l'humanité. Je suis un « moi-ici-maintenant », intégré au sein d'un « nous-ici-maintenant ». La personne humaine est incarnée en un lieu et en un temps et coexiste avec ses contemporains, connus ou inconnus, amis ou adversaires. Ce que nous formons tous, c'est, fondé sur Dieu, un véritable *empire de personnes*.

Cette image qu'emploie volontiers Landsberg se trouve déjà chez Scheler dont il fut le disciple. Elle veut exprimer cette vérité : le chaos du monde n'est qu'apparent, un ordre vrai y règne comme dans tout empire digne de ce nom et chaque sujet est irremplaçable à la place qu'il y occupe. Insister sur la singularité revient donc à reconnaître que chaque personne a une signification particulière à côté et à l'égard des autres, et que dans le monde où elle est intégrée rien n'est interchangeable.

« L'acte philosophique de Max Scheler », tel que Landsberg essaie de le déterminer consiste, au sein du monde qui est comme intégré à lui, dans la recherche consécutive de l'ordre en lui-même et en dehors de lui, bref dans la découverte, au sein du monde ordonné, de la place qui est la sienne et qu'il doit garder. [48] C'est justement ce mouvement profond, caractéristique de la « personne-Scheler », qui, au fond, peut servir à caractériser toutes les personnes. Chacun doit chercher quelle est sa place dans le monde et quel rôle il doit y tenir. Choisir une vocation, y rester fidèle, voilà ce qui contribue à définir la personne.

Ne revenons pas sur la notion de liberté déjà rencontrée. Remarquons simplement que Landsberg ne situe pas la personne à un carrefour de voies divergentes, où elle pourrait indifféremment s'engager. Puisque la liberté est spontanéité, la personne elle-même découvre sa vocation ; puisqu'elle est choix, la personne se décide et s'engage afin de réaliser cette vocation. La découverte de celle-ci suppose, évidement, le recours au sentiment intérieur, à ce qu'on pourrait appeler avec Rousseau le « dictamen de la conscience ». En effet pour Landsberg, il existe en chacun de nous une voix qui nous révèle notre vocation, qui nous transmet la parole de Dieu, même si le langage divin apparaît, dans la plupart des cas, obscur. Par le recours à une sorte d'instinct la personne découvre les valeurs précises qu'elle devra actualiser dans son existence, tout en les situant par rapport aux autres valeurs. Elle se garde d'accorder un privilège exclusif à l'une au détriment des autres, tout en se refusant à les mettre toutes sur le même plan. Bref, l'ouïe intérieure dont nous disposons nous fait apercevoir les valeurs spontanément hiérarchisées.

Si l'on considère cependant la vocation comme révélée, les valeurs à actualiser comme découvertes par notre conscience intime, on ne semble guère laisser à la personne une réelle possibilité de choisir. En réalité, il n'en est rien. Si le mouvement de personnalisation s'accomplissait en nous, sans nous, ou tout au moins par le simple recours au dictamen de la conscience, la singularité de la personne apparaîtrait vaine et résulterait d'un caprice du hasard. Où résiderait son originalité ? Fort éloigné de telles considérations, Landsberg présente la personne comme capable de se décider. Il ne s'agit certes pas pour elle de choisir entre ceci ou cela, entre la vie d'un ermite ou celle d'un chevalier, par exemple, mais de choisir entre l'acceptation des valeurs révélées par la voix intérieure ou le refus d'y adhérer. Si notre vocation est de vivre en ermite, nous avons donc le choix entre accepter ou refuser de suivre cette vocation. Choisir, pour Landsberg comme pour tous les personnalistes, c'est en définitive, nous l'avons dit, avoir la possibilité de dire non.

Il convient d'ailleurs d'ajouter que si Dieu me parle et m'interpelle, c'est à travers les événements historiques qu'il le fait. L'ouïe intérieure dont je dispose ne suffit pas, il me faut également réfléchir pour déchiffrer la signification des événements. « Pour nos oreilles intérieures, écrit Landsberg, les voix se confondent et le langage divin reste bien obscur dans la plupart des cas. Nous ne sommes pas le fils de Dieu. Obéir à Dieu, cette solution définitive, qui est en effet la plus simple en soi, devient souvent extrêmement difficile. Alors, rien ne nous reste que la lumière de notre tête pour chercher notre chemin. La philosophie se met à l'œuvre... » [49] La réflexion est ainsi un autre moyen qui nous permet de capter la parole de Dieu et d'accéder à la vérité.

Quoi qu'il en soit, la personne se découvre dans une orientation bien déterminée, et tous ses actes convergent pour ainsi dire vers un même centre, qui tout en étant en quelque sorte distinct et éloigné de nous, donne un sens à tout ce que nous faisons. Il en résulte une unification progressive de notre vie, ce qui est une autre manière de désigner la personnalisation qui s'opère sans cesse. La personne est « une existence qui se constitue elle-même, l'actualisation d'un *être-devenir* (Werdesein) qui donne un sens et une unité au tout de l'existence individuelle ». [50] L'homme naît multiple, il a réalisé sa vie s'il meurt un, pense Valéry. La personne, selon Landsberg, ne vise pas à autre chose qu'à la réalisation de cette unité parfaite. Aussi n'existe-t-elle que par le mouvement accompli vers le trans-personnel, le transcendant, qu'elle tend à intérioriser et qui doit l'unifier.

Réaliser la vocation qu'on a reconnu être la sienne suppose donc qu'on lui demeure fidèle. Cela va de soi, puisque toute infidélité est dispersion et par conséquent éloignement du centre visé, échec à l'unité cherchée. Se vouer à une tâche, puisqu'on est embarqué et qu'il est impossible de ne pas actualiser certaines des possibilités concrètes dont l'avenir est plein, se décider pour une cause même si elle ne peut être qu'imparfaite, bref s'engager, ne signifie pas pour autant qu'il faille se laisser guider par des principes valables absolument partout et toujours, persévérer jusqu'à l'entêtement. Il importe avant tout d'être à l'écoute et de répondre à l'appel à l'instant concret. Une infidélité apparente n'empêche pas une adhésion profonde. L'authenticité constitue la marque par laquelle se reconnaît la conscience personnaliste.

Nous venons de rencontrer la plupart des maître-mots du personnalisme chrétien contemporain : vocation, engagement, fidélité, par exemple. [51] L'essentiel pour nous n'est pas, dans ce travail, de nous étendre sur les thèmes qu'ils évoquent, mais d'en déterminer la portée. Que signifie l'introduction dans la notion de personne de cette idée de vocation ?

Ce qu'il faut d'abord souligner c'est l'insertion du religieux au sein de l'idée de personne et par le biais du religieux de quelques notions situées en quelque sorte à la limite du philosophique : celles de dépendance ontologique, d'historicité et d'humanité, qui toutes trois sont commandées par une autre, plus fondamentale encore, celle de création. L'idée de vocation renvoie à un Dieu créateur dont la création inachevée se poursuit avec la collaboration des hommes qui vivent chacun leur histoire et se trouvent insérés dans une histoire globale et collective.

La dépendance ontologique de l'homme est certaine pour les philosophes du Moyen Age, dont l'essentiel de l'œuvre réside dans cette métaphysique de la création qu'ils ont élaborée. Elle ne se trouve pas cependant incluse dans la définition même de l'homme, considérée comme personne, c'est-à-dire comme une substance individuelle de nature raisonnable. C'est qu'elle ne fait pas problème. Après que la personne eût été considérée durant de longs siècles comme sujet psychologique ou psycho-social d'une part, moral d'autre part, il convenait à des penseurs chrétiens de rappeler d'une manière explicite cette dépendance à l'égard de Dieu et de placer la réalité de l'être personnel dans la réponse que ce dernier donne à l'appel divin, qui lui est lancé à tout instant. « Je suis..., écrit par exemple Jean Lacroix, une aspiration vers Dieu, une tendance subsistante vers Dieu, et c'est cette relation qui est constitutrice de mon être ». [52] Il fallait donc inclure dans la notion de personne un élément, la vocation, pour que se manifeste l'existence de ce lien.

Analysant les transformations de la philosophie française, Emile Bréhier parle d'une « invasion du transcendant » dans la pensée contemporaine. « En réalité, écrit-il, cette introduction du transcendant est le signe d'une crise de civilisation qui laisse l'homme solitaire, s'interrogeant sur les valeurs ». [53] Cette notion de transcendant revêtira ici et là des formes différentes et prendra dans les courants philosophiques modernes des aspects fort éloignés les uns des autres. Pour le personnaliste chrétien, opposé à cette idée d'une solitude foncière de l'homme, le transcendant sera un autre nom de Dieu. Cependant, persuadé que la subjectivité est fondamentalement liée à la transcendance, comme l'a écrit Jean Wahl à propos de Kierkegaard, il ne cherchera pas le transcendant du côté de l'objet. Il le découvrira dans son intériorité la plus profonde, dans cet « intimius intimo meo, ce cœur inaccessible de mon cœur... » [54] Le concept de vocation assure la liaison entre le transcendant divin et l'ordre immanent de l'être créé, et relie par là même l'éternel au temporel.

La vocation ne doit évidemment pas être prise dans son sens courant, celui qu'indique par exemple le Vocabulaire philosophique de Lalande (sens A) : «inclination décidée et même parfois impérieuse pour une profession, un art, une forme déterminée d'étude ou d'action chez un individu qui possède les aptitudes correspondantes ». On peut la définir comme « la destination individuelle de chaque être humain » (Lalande, sens B).

Il convient cependant d'ajouter une précision afin de prévenir toute équivoque. Il n'est pas question de destinée comme chez les stoïciens; il ne s'agit pas d'un rôle personnel qui serait attribué par le sort. Dieu remplace le destin. De plus, pour les personnalistes, la destination de l'homme n'est pas de « faire son salut », mais de contribuer par son œuvre à l'instauration de ce que Landsberg appelle l'empire des personnes et que l'évangile nomme le royaume de Dieu. La notion de vocation fait donc référence aux idées d'historicité et d'humanité.

Je ne vis pas dans l'éternité, mais dans le temps ; je suis intégré dans un devenir. Ma vocation n'est pas une essence intemporelle qui préexisterait à toutes mes actions ni une *idée* de Dieu sur moi. Et Louis Lavelle nous semble avoir tort de ramener tout le problème de la vocation à la nécessité de distinguer entre une essence qui nous est proposée par Dieu et subsiste toujours en nous comme un idéal et l'essence que nous réalisons effectivement. C'est à chaque instant que retentit l'appel et l'événement par l'intermédiaire duquel Dieu m'invite aujourd'hui à une action ne sera pas demain le même. Bref l'appel lui-même revêt des formes précises et différentes à tout moment. Contre le personnalisme idéaliste est affirmée la présence de la personne à l'histoire. « Le personnaliste chrétien lui-même, écrit Mounier, si sa visée dépasse l'histoire ne peut avancer vers elle que dans l'histoire, et pour déterminer ses moyens il doit interroger les possibilités de l'histoire. Quelle que soit donc notre philosophie dernière, l'intelligence de l'action ne s'éveille qu'à partir d'un engagement dans la chaîne de l'événement, la règle de l'action se compose à la rencontre d'une philosophie de l'homme et d'une analyse directe des conjonctures historiques, qui commandent en dernière instance le possible et le réel ». [55] La vocation est ainsi saisie dans un dialogue avec le monde, dans un affrontement avec l'histoire.

Cette historicité essentielle à l'existence humaine situe la personne dans un ensemble de personnes. L'œuvre que je réalise ici et maintenant a été préparée et commencée par d'autres que moi ; je l'accomplis en collaboration avec mes contemporains ; elle sera continuée par nos descendants. Mon histoire personnelle est insérée dans une histoire collective, celle de l'humanité entière, qui apparaît ainsi comme un mouvement de construction et de partielles destructions du « royaume de Dieu », d'avances et de reculs momentanés, mais en définitive contribue pour une part à l'achèvement de la création. La tâche que je me propose d'accomplir s'intègre dans un projet plus vaste. L'idée d'une humanité comme totalité en devenir, comme unité orientée s'impose donc pour fonder définitivement la personne.

Dépendance ontologique, historicité, humanité, ces trois éléments introduits dans la personne grâce au concept de vocation, s'ordonnent autour de l'idée de création. La notion de personne renvoie ainsi à celle d'un dieu créateur, considéré comme un dieu personnel et aimant. [56] L'appel qu'il me lance s'insère dans un dialogue d'amour, qu'il veut maintenir avec moi et qu'il poursuit avec tous les hommes.

Il ne convient pas ici de réfléchir sur l'idée même de création. Ce à quoi nous voulions aboutir, c'était à préciser les divers éléments contenus dans la notion de personne telle que l'envisagent les personnalistes chrétiens contemporains. D'ailleurs ces derniers se situent en général à l'intérieur d'une problèmatique qui accepte, sans les mettre en cause, un certain nombre de données du christianisme. L'existence d'un dieu bon qui a tout créé par amour et dont l'amour me lie à l'ensemble des hommes, ne pose pas de problème.

En définitive, s'il me faut conférer à mon œuvre une signification, c'est parce que je me saisis comme créé par un Dieu Amour dont je dois faciliter l'expansion, et que je me comprends comme un être « voué », sans cesse « interpellé » par cet Amour, comme l'est l'ensemble des hommes. Ainsi la justice dont la fonction est de protéger l'individu et de lui assurer une indépendance, appelle l'amour qui permet à ce dernier de s'achever en s'unissant aux autres par l'échange et le don, et, par le fait même, de se rendre présent à cette totalité qu'est l'humanité en marche vers son créateur.

NOTES DU CHAPITRE IV

1. P. Ricœur, *De l'interprétation, essai sur Freud*, Paris, 1965, p. 432.
2. J. Piaget, *op. cit.*
3. C. Odier, *Les Deux sources, consciente et inconsciente, de la vie morale*, Neuchâtel, 1943.
4. I. Caruso, *Psychanalyse pour la personne*, Paris, 1962.
5. *Cf.* par exemple, *Connaissance de l'Homme*, traduction française, Paris, 1949 ; *Le Sens de la vie*, traduction française, Paris, 1950.
6. *Cf.* par exemple, *Psychiatrie morale, expérimentale, individuelle et sociale*, Paris, 2ᵉ éd., 1950 ; *La Désorganisation de la personnalité*, Paris, 1952.
7. *Traité du Caractère*, *op. cit.*, p. 57.
8. M. Dessoir, « Types caractérologiques » *Journal de psychologie normale et pathologique*, n° 1-2, 1953, p. 102.
9. Lyon, 1957.
10. *Ibid.*, p. 28-29.
11. *Ibid.*, p. 79.
12. « Sympathie et respect », *Revue de métaphysique et de morale*, octobre-décembre 1954, p. 380-397.
13. *Ibid.*, p. 386.
14. *Ibid.*
15. *Ibid.*, p. 395.
16. *Ibid.*
17. *Ibid.*, p. 396.
18. L'expression est de Madinier, *Conscience et amour*, *op. cit.*, p. 62.
19. *Cf.* par exemple *Le Personnalisme*, p. 82.
20. *Finitude et Culpabilité*, t. I : *L'Homme faillible*, Paris, 1960, p. 86.
21. *Ibid.*, p. 88.
22. « Idéologie allemande », *Œuvres philosophiques*, trad. Molitor, t. VI, *op. cit.*, p. 244.
23. H. Lefebvre, *Marx, Sa vie, son œuvre avec un exposé de sa philosophie*, Paris, 1964, p. 69.
24. J.M. Domenach, « Pour en finir avec l'aliénation », *Esprit*, décembre 1965.
25. *Esprit*, mai 1966, p. 1012.
26. *Etre et Avoir*, *op. cit.*, p. 225.
27. « Economie et Philosophie », *Œuvres Philosophiques*, trad. Molitor, t. VI, *op. cit.*, p. 24.
28. Paris, 1962.
29. *Qu'est-ce que le personnalisme*, *Œuvres*, t. III, p. 183.
30. P. Ricœur, « Une philosophie personnaliste », *Esprit* n° spécial Emmanuel Mounier, décembre 1950, p. 861 ; texte repris dans *Histoire de vérité*, Paris, 1955, p. 105.
31. *Ibid.*, *Esprit*, p. 862, *Histoire et Vérité*, p. 106.
32. *Qu'est-ce que le personnalisme*, *op. cit.*, p. 183.
33. J. Hyppolite, *Études sur Marx et Hegel*, Paris 1955.
34. *Ibid.*, p. 102.

De l'individu à la personne 103

35. G. W. Hegel, *La Phénoménologie de l'esprit*, traduction de J. Hyppolite, Paris, 2 vol., 1939-1941, V, II, p. 189.
36. *Histoire et Vérité, op. cit.*, p. 204.
37. *Cf. Le Sens de l'histoire*, Paris, 1948 ; *Cinq méditations sur l'existence, op. cit.,* ; *Essai de métaphysique eschatologique, op. cit.*
38. *Cf.* par exemple H. Bartoli, *La Doctrine économique et sociale de Karl Marx*, Paris, 1950 ; « Les chrétiens vers une civilisation du travail », *Esprit*, juillet 1952 ; « Economie et travail humain », *Esprit*, janvier 1953 ; J. Lacroix, *Personne et amour*, Paris, 1956, chap. IV : « La personne et le travail » ; P. Ricœur, « Travail et parole », *Esprit*, janvier 1953, repris dans *Histoire et vérité, op. cit.*, p. 183-212.
39. J. Lacroix, *Personne et amour, op. cit.*, p. 94-95.
40. K. Marx, *Le Capital*, livre III, 7ᵉ sect., Paris 1960, p. 198-199.
41. *Histoire et Vérité, op. cit.*, p. 205.
42. *Personne et Amour, op. cit.*, p. 108.
43. *Histoire et Vérité, op. cit.*, p. 205-206.
44. *Personne et Amour, op. cit.*, p. 122.
45. *Cf.* G. Madinier, *Conscience et amour, op. cit.*
46. L'expression est de Jean Lacroix, in *Forces et faiblesses de la famille*, Paris, 1949.
47. Paris, 1952.
48. Landsberg définit ainsi l'acte philosophique : « acte de la recherche de la vérité qui transforme les événements de la vie en expérience avec l'aide de la pensée » (*op. cit.*, p. 169).
49. « Le sens de l'action », *loc. cit.*, p. 105.
50. P.L. Landsberg, *Essai sur l'expérience de la mort, op. cit.*, p. 47.
51. On les retrouve également très souvent sous la plume de Mounier.
52. J. Lacroix, *Force et faiblesse de la famille, op. cit.*, p. 115.
53. E. Bréhier, *Transformation de la philosophie française*, Paris, 1950, p. 126.
54. *Cf.* Mounier, « Personnalisme et Christianisme », *op. cit.*, t. I, p. 752..
55. *Qu'est-ce que le personnalisme, op. cit.*, t. III, p. 242-243.
56. L'introduction du « religieux » dans la notion de personne par le biais du concept de vocation, contribue à enlever au mot personne un peu de son caractère mythique. *Cf.* chap. I, note 18.

CHAPITRE V

Nature et origine de l'opposition entre l'individu et la personne

La personne a été à plusieurs reprises désignée dans les développements précédents comme l'individu qui donne à son œuvre une signification. Il ne semble donc pas possible de concevoir entre ces deux notions une quelconque opposition ; elles apparaissent solidaires.

Il faut cependant reconnaître qu'une distinction très nette, allant même jusqu'à une séparation tranchée, a été faite par Mounier entre l'individu et la personne. Il y a là matière à réflexion. L'individu se définit comme possibilité de signe et la personne c'est l'individu signifiant. Nous pensons qu'une telle formulation résume l'essentiel de la pensée personnaliste. Découvrir chez l'un des principaux représentants de ce courant un certain antagonisme entre les deux notions ne détruit-il pas entièrement notre interprétation ?

En fait il n'en est rien. Pour mener à bien notre tentative d'élucidation de la notion de personne nous nous sommes appuyés sur les écrits de divers philosophes personnalistes, estimant qu'une convergence existait entre leur pensée. En réalité on ne trouve jamais la moindre opposition entre l'individu et la personne chez Lacroix, Landsberg, Madinier, Ricœur. Chez Mounier lui-même, elle n'existe que dans ses premiers écrits.

Seuls ceux-ci posent donc un problème. Nature, origine et signification de l'opposition établie par Mounier entre l'individu et la personne, tels sont les trois points que nous examinerons successivement et dont l'étude nous conduira à une seconde opposition, parallèle pour ainsi dire à la première, portant sur les notions de société et de communauté.

1. *La distinction individu-personne chez Mounier*

« Qu'est-ce que ma personne », se demande Mounier dans *Révolution personnaliste et communautaire*, ouvrage édité en 1935 et qui reprend une série d'articles publiés d'abord dans les premiers numéros de la revue *Esprit*.

« Ma personne n'est pas mon individu, répond-il. Nous appelons individu la diffusion de la personne à la surface de sa vie et sa complaisance à s'y perdre. Mon individu, c'est cette image imprécise et changeante que donnent par surimpression les différents personnages entre lesquels je flotte, dans lesquels je me distrais et me fuis. Mon individu, c'est la jouissance avare de cette dispersion, l'amour incestueux de mes singularités, de tout ce foisonnement précieux qui n'intéresse d'autre que moi... »

« ... La matière isole, découpe, simule des figures. L'individu, c'est la dissolution de la personne dans la matière. Pléonasme : l'individu, c'est tout court la dissolution de la personne ; ou encore la reconquête de l'homme par la matière qui sait singer. La personne s'oppose à l'individu en ce qu'elle est maîtrise, choix, formation, conquête de soi. Elle risque par amour au lieu de se retrancher. Elle est riche enfin de toutes les communions, avec la chair du monde et de l'homme, avec le spirituel qui l'anime, avec les communautés qui la révèlent. »

« ... Ma personne est en moi la présence et l'unité d'une vocation intemporelle, qui m'appelle à me dépasser indéfiniment moi-même, et opère, à travers la matière qui la rétracte, une unification toujours imparfaite, toujours recommencée, des éléments qui s'agitent en moi. La mission première de tout homme est de découvrir progressivement ce chiffre unique qui marque sa place et ses devoirs dans la communion universelle, et de se consacrer, contre la dispersion de la matière, à ce rassemblement de soi ». [1]

Dans son *Manifeste au service du personnalisme*, paru en 1936, Mounier, cherchant à déterminer les principes d'une civilisation personnaliste et soucieux d'amener tout homme à vivre comme une personne, se pose à nouveau la question : « Qu'est-ce qu'une personne ? ». Comme précédemment, il est conduit, à peu près dans les mêmes termes, à opposer celle-ci à l'individu.

« Quand j'essaie pour les premières fois de me saisir, je me saisis d'abord diffusément à la surface de ma vie, et c'est plutôt une multiplicité qui m'apparaît. Il me vient de moi des images imprécises et changeantes que me donnent par surimpression des actes épars, et j'y vois circuler les divers personnages entre lesquels je flotte, dans lesquels je me distrais ou je me fuis. Je jouis avec complaisance et avarice de cette dispersion qui m'est une sorte de fantaisie intérieure facile et excitante. Cette dispersion, cette dissolution de ma Personne dans la matière, ce reflux en moi de la multiplicité désordonnée et impersonnelle de la matière, objets, forces, influences où je me meus, c'est d'abord cela que nous appellerons *l'individu*.

« Mais on se tromperait à imaginer l'individualité comme ce simple abandon passif au flux superficiel de mes perceptions, de mes émotions et de mes réactions. Il y a dans l'individualité une exigence plus mordante, un instinct de *propriété* qui est à la maîtrise de soi ce que l'avarice est à la vraie possession. Il donne comme attitude première à l'individu qui y cède, de jalouser, de revendiquer, d'accaparer, puis d'assurer sur chaque propriété qu'il s'est ainsi faite une forteresse de sécurité et d'égoïsme pour la défendre contre les surprises de l'amour.

« *Dispersion, avarice, voilà les deux marques de l'individualité. La personne est maîtrise et choix, elle est générosité. Elle est donc dans son orientation intime polarisée juste à l'inverse de l'individu* ». [2]

Une remarque s'impose tout de suite. La distinction faite par Mounier entre l'individu et la personne se superpose tout à fait à celle qu'il établit entre la matière et l'esprit. Nous avons déjà essayé de préciser la conception qu'il se faisait de la matière, dans ses premiers écrits. Influencé par Bergson, celle-ci se définit, pour lui, par la dispersion, la facilité, l'éparpillement, l'impersonnel. « A la limite, l'individualité, c'est la mort... » [3] ; c'est donc la dissolution dans la matière ; à l'inverse, la personne, c'est l'esprit.

Si l'on passe du plan philosophique au plan psychologique, nous retrouvons une autre distinction bergsonienne, celle des deux moi. L'individu, c'est le moi superficiel, domaine de la multiplicité ; la personne, c'est le moi profond, unité derrière la diversité des apparences, source d'où jaillissent les actes libres.

Mais de même qu'il existe dans les premiers écrits de Mounier deux conceptions distinctes de la matière, la première, quoique exprimée plus nettement, disparaissant au fur et à mesure que s'estompait l'influence de Bergson, de même il est possible de déceler dans les mêmes textes une autre manière de distinguer l'individu de la personne. La matière est également pour Mounier une autre façon de nommer le sensible concret, la réalité physique, dépouilllée de tout signe métaphysique ou religieux. Aussi la personne, dans cette perspective, ne peut-elle être détachée de l'individualité. Elle est posée comme incarnée et se voit refuser l'issue qui consisterait à s'évader de la vie sensible ; la seule voie qui lui est offerte est la transfiguration de cette matière.

Seule cette distinction sera maintenue par Mounier. Rendant compte en avril 1938 des travaux de la Semaine sociale de Clermont-Ferrand, organisée sur le thème de *la Personne humaine en péril*, et analysant plus particulièrement certaines conférences, Mounier est amené à préciser sa pensée à propos des définitions proposées de l'individu et de la personne. « La question, écrit-il, est à chaque fois de savoir quand est engagée la personne, quand « seulement » l'individu, et s'il est même possible de trancher ainsi à vif dans leur solidarité concrète ». [4] Les positions précédentes semblent bien abandonnées.

En fait Mounier est passé du bergsonisme à un évolutionnisme proche de celui de Teilhard de Chardin. L'esprit surgissant en quelque sorte de la matière ne s'oppose donc pas à elle ; bien mieux il l'élève et la transfigure. De même la personne, c'est l'individu transfiguré. « Quand je sais que la personne spirituelle est le couronnement transcendant de l'évolution vitale, je remarque que cette dernière en effet ne va pas s'éparpillant, mais se concentrant sur des centres d'unification de plus en plus autonomes. Elle m'apparaît alors comme une trajectoire progressive vers l'usage de la liberté spirituelle : indétermination de la matière brute ; constitution de l'indépendance vitale par l'accumulation de réserves explosives ; formation, dans l'utilisation de cette force nouvelle, de chemins et d'organes pour le choix ; enfin, émergence de l'individualité qui se perfectionne jusqu'à pouvoir offrir à l'immersion de la personne spirituelle cette « chair » coopérative capable d'être emportée avec elle dans un même destin ».[5] Tout antagonisme entre l'individu et la personne a donc disparu pour céder la place à la « coopération ». Il n'y a pas un destin de la personne dans lequel ne serait pas impliqué l'individu. Celui-ci est comme la pâte prête à être levée. Qu'est-ce à dire sinon, pour employer un autre langage, qu'il est possibilité de signe. La découverte de sa vocation, la fidélité à l'appel reçu feront de l'individu un être signifiant, c'est-à-dire une personne.

Cette deuxième manière de concevoir la distinction entre l'individu et la personne rapproche Mounier des autres philosophes personnalistes. Présente déjà dans les premiers écrits, elle s'impose de plus en plus jusqu'à faire disparaître totalement la première. Mounier ne jugera plus jamais nécessaire d'opérer la moindre séparation entre les deux notions et évitera de définir la personne en l'opposant à l'individu. Dans le dernier ouvrage qu'il ait rédigé, *Le Personnalisme*, il écrit : « ... On oppose parfois personne à individu. On risque ainsi de couper la personne de ses attaches concrètes ».[6] S'il ajoute quelques lignes plus loin que « la personne ne croît qu'en se purifiant incessamment de l'individu qui est en elle »[7], c'est, en replaçant cette phrase dans le contexte d'une étude sur la communication, pour bien marquer que l'homme ne doit pas se crisper sur sa singularité, mais s'ouvrir aux autres, en vue de la constitution d'un monde de personnes.

Deux manières de différencier les deux notions se superposent donc chez Mounier, dès ses premiers écrits. A la vérité, il en existe une troisième, liée à sa conception des diverses formes possibles de sociabilité. Comme l'avait fait Heidegger, comme le fera, à peu près à la même époque, Gabriel Marcel, Mounier procède dans *Révolution personnaliste et communautaire* à une analyse du *monde de l'on*. Le monde moderne lui apparaît comme objectivé ; c'est un monde de choses, d'êtres dépourvus de toute dimension intérieure et qui ne sont plus des *prochains*, mais des *semblables* ; c'est le monde bourgeois fait d'hommes réduits à de simples numéros, le monde de l'indifférence et de l'anonymat. « Dans les vastes étendues de l'*on*, écrit-il, l'individu, qui n'en est qu'un fragment artificiel... » [8] Cette définition de l'individu comme fragment de l'on renvoie à celle de Gabriel Marcel : « ... l'individu *c'est le on à l'état parcellaire.* » [9] Les formules diffèrent ; elles expriment cependant la même idée : l'individu est un élément statistique : elles résument une analyse qui, dans une certaine mesure, essaie de justifier le sens que donne à ce mot le langage courant. L'homme est un individu en tant qu'on le compte comme un exemplaire parmi d'autres.

Dans le texte déjà cité où Mounier analyse quelques exposés présentés à la Semaine sociale sur la personne, il écrit : « ... nous pensons qu'il y aurait tout intérêt dans ces problèmes à fixer un vocabulaire. Rappelons celui que nous avons ici proposé : *individu* et *société* seraient réservés à la zone partiellement « objectivée » (dégradée en objets) du monde des personnes... *Individu* est authentifié dans ce sens par son usage statistique et péjoratif... » [10]

Il s'oppose donc nettement à la personne, que nous commençons à rencontrer dès lors que nous passons du monde de l'*on* au monde du *nous autres*, du stade de l'anonymat à celui des communautés imparfaites, puis de communauté authentique. A ce dernier niveau tout être est saisi dans sa singularité propre et non plus dans ce qu'il a de commun ; il cesse d'apparaître sans visage pour devenir le prochain.

Reprenant dans *Le Personnalisme* cette analyse des formes de sociabilité, Mounier caractérise rapidement ce monde de l'on et le définit, comme précédemment, par l'anonymat. Il est intéressant cependant de noter qu'il n'emploie plus le mot individu pour désigner les éléments de ce monde anonyme. Au niveau de cette vie impersonnelle, la personne renonce à être une personne ; elle devient, écrit Mounier, « ... un quelconque n'importe qui, interchangeable ». [11] On aurait pu s'attendre à le voir appeler individu cet être sans visage.

Il est donc permis d'accorder la priorité à la deuxième manière de concevoir les rapports de la personne et de l'individu. Présente dans son œuvre dès 1932 et maintenue jusqu'à la fin, elle consiste à distinguer sans séparer. La question se pose néanmoins de savoir pourquoi Mounier a cru nécessaire à un certain moment de formuler une telle opposition. Si celle-ci recouvre des idées bergsoniennes, elle est pourtant tout à fait étrangère à Bergson. Si Mounier n'avait pas été influencé par ce dernier, on ne peut pas dire pour autant qu'elle aurait été absente de son œuvre. Les analyses bergsoniennes lui ont permis simplement de réinterpréter une conception qui lui venait d'ailleurs.

Nous insistons quelque peu sur cette question, car elle ne nous semble pas présenter seulement un intérêt historique. La réponse

Nature et origine de l'opposition entre l'individu et la personne 109

que nous y apporterons contribuera à éclairer davantage la notion de personne elle-même.

2. *Origine et signification de l'opposition individu-personne*

On pourrait être tenté de penser qu'en opposant l'individu à la personne, Mounier s'est contenté de formuler en termes nouveaux les idées du dualisme classique, cher aux philosophes idéalistes. Charles Baudoin le suggère quand il ramène la distinction de l'individu et de la personne à celle des deux aspects du Moi, le Moi vrai (nouménal) et le Moi apparent (phénoménal). Lahbabi l'affirme plus nettement quand il analyse la pensée de Mounier. Celui-ci et certains personnalistes à sa suite, en opposant personnalité à personne et plus particulièrement individu à personne, n'ont fait, à son avis, que reprendre un schéma dualiste utilisé depuis longtemps en métaphysique et qui correspond à la dichotomie platonicienne entre le Monde de l'Idée et le Monde du Sensible et à la distinction kantienne du noumène et du phénomène.[12]

Une telle interprétation ne nous semble pas devoir être retenue. Elle est valable si on la limite à une œuvre telle que celle de Berdiaeff. En effet l'opposition qu'établit ce dernier entre l'individu et la personne n'apporte pas d'éléments de nouveauté par rapport à l'idéalisme. L'individu pour Berdiaeff c'est bien l'homme en tant que phénomène et, la personne, l'homme en tant que noumène. Dans tous ses écrits où il traite directement de la personne[13], il oppose nettement celle-ci à l'individu, considérant ce dernier comme appartenant à l'ordre de la nature alors que la personne, elle, appartient exclusivement à l'ordre de la liberté.

A l'inverse de Berdiaeff, Mounier s'est toujours tenu à l'écart de la tradition idéaliste. Dans un texte rédigé au cours de l'hiver 1939, il s'en prend nettement à un certain type d'idéalisme moral à propos de cette séparation de l'individu et de la personne. Il pose avec force leur étroite solidarité. « L'aberration du grossier dualisme qu'il faut ici éviter, atteint son maximum de nocivité quand il chevauche la coupure classique de l'idéalisme, donnant à l' « individu » tout ce qui est du corps, du particulier, du temps, du monde, et faisant de la personne une sorte de vertu abstraite ou d'existence angélique, souveraine à peine incarnée, un pied posé sur la pointe de notre âme, s'attachant l' « individu » comme un serviteur aux basses œuvres. L'homme tout entier, « individu » et « personne » est présent et agissant dans chacune de ses démarches ».[14] Dans *Qu'est-ce que le personnalisme*, l'assimilation de la personne au noumène est explicitement rejetée. La personne, précise-t-il, « n'est pas une substance donnée derrière les phénomènes, un « arrière-monde », mais une existence créatrice d'existence dans et par le phénomène. Si elle se dégage du phénomène, ce n'est pas en se repliant, mais par une quatrième dimension de transcendance ».[15] Ce texte indique clairement que Mounier ne conçoit pas l'existence d'une réalité métaphysique qui se situerait derrière les phénomènes. La personne ne se sépare pas du phénoménal. Mounier la considère comme le phénomène lui-même, pour peu qu'on veuille bien reconnaître que le phénomène est plus que ce qu'il apparaît, qu'il est lié à une réalité d'une autre nature. Mais cette réalité n'est pas le nouménal, c'est le monde transcendant du divin.

On pourrait cependant nous objecter que les textes que nous venons de citer ont été rédigés longtemps après les premiers articles parus dans la revue *Esprit* et qu'ils se situent à une époque où la première manière de distinguer l'individu de la personne a disparu pour laisser toute la place à la deuxième. Il peut sembler légitime dès lors de considérer celle-là comme reflétant le dualisme classique des deux mondes, nouménal et phénoménal.

Avant d'indiquer pourquoi nous estimons nécessaire de rejeter cette interprétation, nous ferons remarquer que l'opposition tranchée, opérée entre l'individu et la personne, n'est pas propre à Mounier. Complètement étrangère aux principaux courants philosophiques qui se développent entre les deux guerres, elle se fait jour au cours des années 30 dans les écrits de philosophes et de penseurs qui ont la caractéristique commune d'être des chrétiens. Cela revêt une importance, comme nous le verrons par la suite.

On ne s'étonnera pas de découvrir cette opposition chez Denis de Rougemont qui, lors de la fondation du mouvement « Esprit », était un collaborateur de Mounier. C'est dans son ouvrage *Politique de la personne*[16] que nous trouverons déterminées avec le plus de netteté les différences entre les deux notions. Sans entrer dans le détail de ses conceptions personnalistes, nous pouvons noter que l'individu pour lui, c'est l'homme dont l'image la plus nette se trouve fixée dans la *Déclaration des droits de l'homme* : être abstrait, indifférencié, à qui l'on ne demande rien et qui, par suite, se replie sur lui-même, s'isole, se trouve dissous, perdu dans la masse et, en définitive, asservi à l'Etat. « L'individu des libéraux, c'était, par excellence, écrit de Rougement, un homme sans destin, un homme sans vocation ni raison d'être, un homme dont le monde n'exigeait rien. Cet être-là, fatalement, devait désespérer de soi-même et de tout ».[17] La personne, au contraire, c'est l'homme en tant qu'il s'unit aux autres hommes. « Tous, nous avons reçu de Dieu cet ordre : tu aimeras ton prochain comme toi-même. Tous donc, nous avons reçu, chacun à notre place et dans nos circonstances particulières, une vocation personnelle. *Personne* et *Vocation* ne sont point séparables. Et toutes deux ne sont possibles que dans cet *acte* unique d'obéissance à l'ordre de Dieu, qui s'appelle l'amour du prochain... Acte, présence et engagement, ces trois mots définissent la *personne*, mais aussi ce que Jésus-Christ nous ordonne d'être : le *prochain* ».[18]

Ces idées sont proches de celles de Mounier. Si elles revêtent chez de Rougemont une coloration plus religieuse, elles expriment au fond la même opposition. N'oublions pas que dans les textes de Mounier en cause ici, l'individu c'est l'homme renfermé en lui-même, incapable de se dépasser, qui se définit par la dispersion et l'avarice, alors que la personne est maîtrise, choix, générosité.

Notons enfin que tout comme Mounier, de Rougemont évoluera et modifiera sensiblement le sens de la distinction établie entre les deux notions. Dans une lettre écrite à Charles Baudouin en 1939, il revient sur son interprétation première et la rejette d'une manière explicite. « L'individu, déclare-t-il, ne m'apparaît plus du tout comme la fameuse *entité abstraite ou atome social* que décrivent et dénoncent les Maurras et consorts. Je crois que c'est la conquête de la Grèce. C'est l'homme qui s'arrache au sacré sombre, à la terreur de la tribu, en profanant les tabous par un acte de raison *antisocial*. Je le considère comme une étape nécessaire avant l'apparition de la personne. Mais si l'on s'arrête à cette étape, on n'obtient que l'anarchie, *le vide social*. Alors deux possibilités se présentent : recréer un sacré artificiel (communautés racistes ou étatiques-totalitaires) ou bien accepter la vocation toujours instante, qui *distingue* l'homme et du même coup le relie à son prochain, fondant l'Eglise... C'est dans une telle communauté que la personne existe vraiment... Personne, acte, vocation, deviennent pour moi quasiment synonymes. L'acte est l'obéissance concrète à la vocation transcendante, instituant la personne dans l'individu. D'où cette nouvelle définition : l'individu, c'est l'homme naturel ; la personne, c'est la nouvelle créature de saint Paul ». [19]

Ces fragments de la lettre de Denis de Rougemont marquent en effet une très grande nouveauté. Sans vouloir insister sur le parallélisme introduit entre l'évolution historique de l'humanité et les étapes que parcourt chaque être au cours de sa propre vie, notons que dans les deux perspectives, la personne fait suite à l'individu et apparaît comme son couronnement. Toute opposition a disparu : la personne est instituée dans l'individu ; elle est donc l'individu en tant qu'il se donne un sens ! Il conviendrait certes de préciser ce qu'on entend par « l'homme naturel » ; il semble clair cependant qu'ici la surnature ne contredit pas la nature, mais qu'elle le comble, le parfait et l'achève.

S'il n'est pas étonnant de retrouver dans certains écrits de de Rougemont la même distinction tranchée que chez Mounier entre les notions d'individu et de personne — on pourrait la découvrir également chez d'autres collaborateurs de la revue *Esprit* de l'époque — on ne s'attendrait peut-être pas à la retrouver chez des philosophes rattachés à l'Ecole thomiste. Pourtant, au cours de ces années 30, c'est une opposition qui revient fréquemment sous la plume de penseurs catholiques dont la doctrine se situe dans le prolongement direct de celui de saint Thomas. Citons simplement les noms de quelques ecclésiastiques : Gillet [20], Peillaube [21], Delaye [22], Dellos [23], de Solages. [24]

Nous nous arrêterons plus longuement sur Jacques Maritain. Il n'est pas possible d'affirmer que ce dernier se trouve à l'origine de cette distinction et que c'est à lui que les thomistes l'ont empruntée. Elle se trouve déjà ébauchée chez le père Garrigou-Lagrange, dès 1908. Le thomisme ou plutôt certains thomistes ont peut-être été contraints d'opérer cette distinction pour des raisons que nous préciserons par la suite.

« Mais l'homme ne sera vraiment une *personne*, écrit le père Garrigou-Lagrange, un *per se subsistens et un per se operans*, que dans la mesure où la vie de la raison et de la liberté dominera en lui celle des sens et des passions ; sans cela, il demeurera, comme l'animal, un simple *individu*, esclave des événements, des circonstances, toujours à la remorque de quelque autre chose, incapable de se diriger lui-même, il ne sera qu'une partie, sans pouvoir prétendre être un tout. *L'individualité* qui nous distingue des êtres de même espèce vient du corps, de la matière qui occupe telle portion d'espace distincte de celle occupée par un autre homme. Par notre individualité, nous sommes essentiellement dépendants de tel milieu, de tel climat, de telle hérédité, grecs, latins ou saxons. Le Christ était juif. *La personnalité*, au contraire, vient de l'âme, c'est même la subsistance de l'âme indépendamment du corps. Développer son individualité, c'est vivre de la vie égoïste des passions, se faire le centre de tout, et aboutir finalement à être esclave des mille liens passagers qui nous apportent une misérable joie d'un moment. La personnalité, au contraire, grandit dans la mesure où l'âme, s'élevant au-dessus du monde sensible, s'attache plus étroitement par l'intelligence et la volonté à ce qui fait la vie de l'esprit. Les philosophes ont entrevu, mais les saints surtout ont compris que le plein développement de notre pauvre personnalité consiste à la perdre en quelque sorte en celle de Dieu, qui seul possède la personnalité au sens parfait de ce mot, car seul il est absolument indépendant dans son être et dans son action ». [25]

Ce sont les dogmes de la Trinité et de l'Incarnation qui ont permis au père Garrigou-Lagrange d'approfondir la notion de personnalité, considérée par les théologiens comme l'équivalent de celle de personne, quoique plus abstraite. Il se place ici sur le plan spirituel. Un individu est un être replié sur lui-même et qui se prend comme fin ; une personne ou une personnalité est un être qui, s'élevant au dessus des passions, s'ouvre à l'esprit de Dieu et se laisse pénétrer de sa personnalité.

C'est cette distinction que reprend Maritain et qu'il développe longuement en la situant sur un plan métaphysique. Si nous voulons insister particulièrement sur la pensée de ce philosophe, c'est parce que nous croyons qu'elle se trouve à l'origine de la distinction opérée par Mounier, sinon par les autres thomistes, entre les notions d'individu et de personne. Nous savons par Mounier lui-même les liens assez étroits qui ont existé entre Maritain et lui, lors de la fondation du mouvement « Esprit ». [26] Il n'est pas jusqu'aux termes mêmes de *civilisation personnaliste et communautaire* qui n'aient été, semble-t-il, empruntés à Maritain. Ce n'est donc pas dans le platonisme ou l'idéalisme kantien qu'il faut chercher la source de la séparation opérée par Mounier entre l'individu et la personne, mais dans l'interprétation du thomisme que présente Maritain. Comment ce dernier conçoit-il donc les différences entre les deux notions ?

Il existe une remarquable continuité à travers tous les textes où Maritain expose sa conception. Des *Trois réformateurs* [27] où il aborde pour la première fois la question jusqu'à *La Personne et le bien commun* [28], la même idée est exprimée. « Le nom *d'individu*... est commun à l'homme et à la bête, et à la plante, et au microbe, et à l'atome. Et tandis que la personnalité repose sur la subsistance de l'âme humaine (subsistance indépendante du corps et communiquée au corps, lequel est soutenu dans l'être par la subsistance même de l'âme), la philosophie thomiste nous dit que l'individualité est fondée comme telle sur les exigences propres de la matière, *principe d'individuation* parce qu'elle est principe de division, parce qu'elle demande à occuper une position et à avoir une quantité, par où ce qui est *ici* différera de ce qui est *là*... » [29] La racine ontologique de l'individualité, c'est donc la matière ; et la distinction entre l'individu et la personne apparaît comme une reprise de celle que saint Thomas à la suite d'Aristote établit entre la matière et la forme.

Sur le plan psychologique et moral, la distinction ne manque pas de provoquer quelques effets. Dans *Distinguer pour unir ou Les degrés du savoir*, Maritain écrit en effet : « ... La personnalité, métaphysiquement inamissible, subit bien des échecs dans le registre psychologique et moral. Elle risque d'y être contaminée par les misères de l'individualité matérielle, par ses mesquineries, ses vanités, ses tics, ses étroitesses, ses diathèses héréditaires, par son régime naturel de rivalité et d'opposition. Car le même qui est personne et subsiste tout entier de la subsistance de son âme, est aussi individu dans l'espèce et poussière dans le vent ». [30] Cette idée se trouvait déjà exprimée par le père Garrigou-Lagrange. C'est elle que reprend et développe Mounier, en l'habillant avec un langage bergsonien. L'individu, fragment de matière, est égoïsme, avarice, fermeture ; la personne, élément spirituel, est don, générosité, ouverture.

Sur le plan politique, enfin, la distinction se révèle capitale. « Selon l'enseignement de saint Thomas..., déclare Maritain, l'homme tout entier comme *individu* est bien *ut pars* dans la cité, et il est ordonné au bien de la cité comme la partie est ordonnée au bien du tout, au bien commun, qui est *plus divin* et qui mérite à ce titre d'être aimé de chacun plus que sa propre vie. Mais s'il s'agit de la *personne* comme telle, le rapport est inverse, et c'est la cité humaine qui est ordonnée aux intérêts éternels de la personne et à son bien propre, lequel est, en fin de compte, le « Bien commun séparé » de l'univers tout entier, je veux dire Dieu lui-même ; car chaque personne prise purement comme telle signifie un tout, et toute personne humaine est ordonnée directement à Dieu comme à sa fin ultime, et ne doit à ce titre, selon l'ordre de la charité, rien préférer à soi-même que Dieu. Ainsi en chacun de nous l'individu est pour la cité, et doit au besoin se sacrifier pour elle, comme il arrive dans une juste guerre. Mais la personne est pour Dieu ; et la cité est pour la personne, j'entends pour l'accession à la vie morale et spirituelle et aux biens divins, qui est la destination même et la raison finale de la personnalité ». [31]

Cette idée connaîtra, on le sait, une fortune extraordinaire dans nombre de milieux catholiques. *L'individu pour la société, la société pour la personne !* Ce sera un véritable leitmotiv que nous retrouverons tout au long de ces années 30 et qui se trouve parfois repris de nos jours par certains penseurs chrétiens, soucieux d'éclairer la nature des relations entre le personnel ou l'individuel et le collectif.

Ce sont des raisons politiques ou plutôt de doctrine politique, qui ont contraint les thomistes à opérer cette distinction entre l'individu et la personne. N'oublions pas que la fin du 19e siècle et surtout le début du 20e avaient été marqués par d'assez vives discussions entretenues par des sociologues de tendances différentes et relatives aux rapports entre l'individu et la société. Il n'est pas nécessaire de rappeler quel retentissement avaient eu au cours de cette même période certaines doctrines de défense de l'individu et le mot même d'individualisme. Le discrédit tombé sur ce terme a fini par rejaillir sur celui d'individu. Dès lors n'était-il pas tentant d'abandonner l' « individu » aux défenseurs de la thèse du primat de la société et aux partisans des Etats, appelés totalitaires, qui naissaient ici et là en Europe, pour mieux, contre eux, sauvegarder la « personne », qui se trouvait ainsi récupérée d'une autre main ? Mais une telle séparation des deux notions était-elle fondée philosophiquement ?

« Cette distinction de l'individu et de la personne, appliquée aux rapports de l'homme et de la cité, contient, dans le domaine des principes métaphysiques, la solution de bien des problèmes sociaux ». Ainsi s'exprimait Maritain dans les *Trois réformateurs*.[32] Plus de vingt ans après, amené à faire le point sur cette question, il précisera : « Le 19e siècle a fait l'expérience des erreurs de l'individualisme. Nous avons vu se développer par réaction une conception totalitaire ou exclusivement communautaire de la société. Pour réagir à la fois contre les erreurs totalitaristes et les erreurs individualistes, il était naturel que l'on opposât la notion de personne humaine, engagée comme telle dans la société, à la fois à l'idée de l'Etat totalitaire et à l'idée de la souveraineté de l'individu. Ainsi des esprits qui relevaient d'écoles philosophiques et de tendances très diverses, et dont le goût pour l'exactitude et la précision intellectuelle était également fort varié, ont semblablement senti que l'idée et le mot de personne offraient la réponse attendue. De là le courant « personnaliste » qui a surgi de nos jours ». [33] On ne peut être plus net. Dans la suite du texte, Maritain précisera bien qu'il n'existe pas, à son avis, une mais de multiples doctrines personnalistes, entachées toutes plus ou moins soit d'individualisme, soit de totalitarisme, et se présentera comme le défenseur du personnalisme thomiste. Quoi qu'il en soit, le personnalisme apparaît comme la doctrine à opposer aux erreurs des uns et des autres. Il s'imposait donc de rabaisser « l'individu » et de magnifier « la personne ».

Solution purement verbale ! Certes, tour de passe-passe en quelque sorte, mais qui ne manquait pas d'une certaine valeur. En fait, l'ennemi contre lequel s'élevaient ces penseurs catholiques, thomistes ou influencés par le thomisme (par exemple, Mounier par l'intermédiaire de Maritain), c'était l'individu tel que le concevaient les individualistes. Dans cette perspective, l'opposition de l'individu et de la personne contenait donc une part de vérité ; elle avait une *valeur polémique*.

Transposée dans le registre philosophique, la distinction pouvait-elle encore avoir un sens ? C'est ce qu'ont estimé Maritain et d'autres thomistes avec lui, désireux d'assurer une base solide à leurs considérations de doctrine sociale et politique et fort soucieux de les fonder en vérité. Aussi faut-il se demander ce que vaut sur le plan métaphysique cette distinction de Maritain ?

Dans un long article consacré à l'étude de la séparation établie entre les notions d'individu et de personne, un thomiste, le père P. Descoqs [34] présente une critique de la conception de Maritain qui nous semble tout à fait pertinente. Il est vraisemblable que Maritain ait eu connaissance de ce texte, paru en 1938 et on peut s'étonner que dans ses écrits, postérieurs à cette date, il n'ait pas cru bon de répondre aux arguments qui lui étaient opposés.

Signalons que dans cet article l'auteur s'en prend à divers auteurs. Il se montre particulièrement sévère à l'égard de Mounier et, disons-le, tout à fait injuste. Que la séparation faite par Mounier ne soit pas défendable sur le plan philosophique, il serait vain de le nier ; nous indiquerons tout de suite pourquoi, quand nous présenterons la réfutation des idées de Maritain faites par le père Descoqs. Mais ce dernier, choqué sans doute par les options politiques préconisées par

Mounier dans ses premiers ouvrages [35], méconnaît la valeur que revêt la distinction individu-personne, sur le plan de la polémique, qui était dans une grande mesure celui de Mounier, dans le contexte d'une lutte contre l'individualisme et les fascismes naissants. Il limite d'ailleurs la position de Mounier à la première des trois manières que nous avons distinguées et oublie par exemple, de signaler que Mounier, comme Gabriel Marcel, définit l'individu comme le *on* à l'état fragmentaire. Il méconnaît donc la richesse d'une pensée qui, orientée vers l'action, peut être excusée de certaines faiblesses.

Mais notre propos ici n'est pas de défendre Mounier. Il importe avant tout de s'interroger sur la valeur de la distinction opérée entre les deux notions et que Maritain, lui, situe sur le plan métaphysique. La critique fondamentale formulée par le père Descoqs ne concerne pas la notion de personne ou de personnalité telle que la développe Maritain. C'est la conception que se fait ce dernier de l'individu qui lui semble erronée. Le reproche essentiel qu'il lui adresse est de confondre les notions d'individu, d'individualité d'une part, d'individuation d'autre part. « Pour saint Thomas, écrit en effet Maritain, l'individualité, ou plus exactement l'individuation, c'est ce qui fait qu'une chose ayant la même nature qu'une autre, diffère de cette autre au sein d'une même espèce et d'un même genre, diffère ainsi d'une autre chose dont elle partage la nature ». [36] La base de sa conception apparaît bien être la distinction de la matière et de la forme et le principe d'individuation par la matière. Celle-ci rend compte de l'individualité de tout être.

La question est cependant de savoir, comme le remarque le père Descoqs, si l'individualité peut se ramener à l'individuation qui, en principe, sert à expliquer la multiplicité des individus dans une espèce, non l'individualité elle-même. En se situant à l'intérieur du thomisme quel sens faut-il conférer aux termes individualité, individu, suppôt ? Le père Descoqs cite saint Thomas : « *Individuum est quod est in se indistinctum ab aliis vero distinctum* » (Ia P., Q. 29, a4). « Notion claire, poursuit-il, sur laquelle aucune équivoque n'est possible et qui prescinde complètement de la limitation de l'*esse* par l'essence, de la forme par la matière ; notion d'ailleurs qui s'applique aussi bien encore qu'analogiquement, à Dieu, qu'à l'ange, à l'homme, à l'animal. Qu'après cela, on fasse intervenir pour la *multiplication* des individus dans l'espèce, le principe matériel, comme le veut l'école thomiste en général, c'est une autre question qu'il faudra discuter pour elle-même, mais qui n'est pas du tout à confondre avec la question présente. Ce qui constitue l'individu en soi, tel que saint Thomas nous l'a défini plus haut, ce sera son *entité* même : essence et existence, forme pure, matière et forme là où il s'agira d'êtres matériels ». [37] En fait l'individu ne se conçoit pas exclusivement à l'intérieur d'une espèce, il est d'abord et surtout l'indivisible.

Nous voyons mal ce qu'un thomiste peut opposer à une telle argumentation. Et le père Descoqs nous semble avoir raison de rappeler que Gilson, dont les travaux historiques font autorité, n'a pour sa part jamais préconisé une pareille distinction.

Si l'on passe au plan psychologique et moral, les définitions de l'individu par l'égoïsme et de la personne par l'ouverture sont par le fait même irrecevables. Les philosophes scholastiques ont tous considéré la personne comme un individu, mais comme un individu situé au niveau le plus élevé de la hiérarchie des êtres, parce qu'intelligent et libre. La générosité exprime autant que la passion la personnalité de cette substance individuelle. On peut avancer que la personne présente des tendances qui n'ont pas la même valeur et ne sont pas toutes susceptibles de mener à la perfection. Cette affirmation ne recouvre nullement celle qui a trait à la distinction individu et personne ; elle ne vise pas du tout à briser l'unité du sujet humain, qui se révèle à la fois individu et personne.

En fait le reproche principal qui peut être fait à Maritain, c'est qu'il a voulu à tout prix justifier théoriquement une idée qui sur le plan pratique revêt une certaine importance. Nous ne reviendrons pas sur la valeur de la distinction sur le registre polémique.

Mais il faut bien noter que ce sont des considérations de doctrine politique et sociale qui se trouvent à l'origine de la séparation. Nous en voulons pour preuve l'importance accordée par Maritain à deux textes de saint Thomas, qu'il cite dans tous les ouvrages où il expose ses conceptions sur le sujet. « *Quæ libet persona singularis comparatur ad totam communitatem, sicut pars ad totum* » (*Sum. théol.*, II-II, 64,2). « *Homo non ordinatur ad communitatem politicam secundum se totum et secundum omnia sua* (*Sum. théol.*, I-II, 21, 4, ad. 3). A chaque fois qu'il se réfère à ces textes [38], Maritain précise que c'est parce qu'individu, fragment individué d'une espèce, que l'homme est partie de la société, et parce que personne, qu'il possède en lui quelque chose qui dépasse l'ordination à la société politique. Un thomiste pourrait faire remarquer, et le père Descoqs ne s'en est pas privé, que saint Thomas n'emploie pas ici le mot individu mais parle de *persona singularis*.

Il n'est pas nécessaire d'insister plus longuement sur les raisons qui obligent à renoncer à une distinction tranchée entre les deux notions d'individu et de personne. Si nous nous sommes quelque peu étendu sur cette question, c'est qu'en dehors de son intérêt propre elle nous semble commander l'opposition établie également entre la société et la communauté et qui, disons-le tout de suite, nous paraît elle aussi erronée.

NOTES DU CHAPITRE V

1. *Œuvres*, t. I, p. 176-178.
2. *Manifeste au service du personnalisme*, *Œuvres*, t. I, p. 525.
3. *Ibid.*, p. 525-526.
4. « Semaines sociales et personnalisme », *Esprit*, avril 1938 ; texte repris dans *Feu la chrétienté*, *Œuvres* t. III, p. 669.
5. « Responsabilités de la pensée chrétienne », *op. cit.*, *Œuvres*, t. III, p. 593. Rappelons que ce texte a été écrit au cours de l'hiver 1939-1940 et publié en 1950 dans *Feu la chrétienté*.
6. *Œuvres*, t. III, p. 452.
7. *Ibid.*
8. *Œuvres*, t. I, p. 188.
9. G. Marcel, « Remarques sur les notions d'acte et de personne », *Recherches philosophiques*, IV, 1934-1935, p. 159.
10. *Œuvres*, t. III, p. 668.
11. *Œuvres*, t. III, p. 458.
12. M.A. Lahbabi, *De l'être à la personne. Essai de personnalisme réaliste*, Paris, 1954, p. 103.
13. Cf. par exemple, *De la destination de l'homme, essai d'éthique paradoxale*, Paris, 1935, chap. III, 2. Le personnalisme, la personne et l'individu... ; *Cinq méditations sur l'existence*, *op. cit.*, 5ᵉ méditation ; *De l'esclavage et de la liberté de l'homme*, *op. cit.*, chap. I, 1. La personne.
14. *Personnalisme et Christianisme*, *op. cit.*, *Œuvres*, t. I, p. 749.
15. T. III, p. 209.
16. Paris, 1934.
17. *Op. cit.*, p. 45-46.
18. *Ibid.*, p. 52-53.
19. Lettre du 28 avril 1939, Paris, publiée par Charles Baudoin dans *Découverte de la personne*, *op. cit.*, p. 76-77.
20. M. Gillet, *Ordre social et culture latine*, Paris, 1935.
21. E. Peillaube, *Caractère et personnalité*, Paris, 1935.
22. « La personne humaine. Sa nature, son progrès, ses devoirs, ses droits », *La Personne humaine en péril*, Semaines sociales de France (Clermont-Ferrand 1937).
23. « Qu'est-ce que la société ? », *La Personne humaine en péril, ibid.*
24. « Personnes et société : leurs rapports », *La Personne humaine en péril, ibid.*
25. R. Garrigou-Lagrange, *Le sens commun, La philosophie de l'être et les formules dogmatiques*, Paris, 1909, p. 165-166.
26. Cf. *Mounier et sa génération*, *Œuvres*, t. IV.
27. Paris, 1925.
28. Paris, 1947.
29. *Trois Réformateurs*, *op. cit.*, p. 28-29.
30. Paris, 1932, p. 460-461.
31. *Trois Réformateurs*, *op. cit.*, p. 30-31.

32. *Ibid.*, p. 32.
33. *La Personne et le bien commun, op. cit.*, p. 8.
34. « Individu et Personne », *Archives de philosophie*, vol. XIV, cahier II, 1938.
35. L'auteur ne résiste pas en effet à la tentation de discuter les idées sociales et politiques de Mounier. Pour ne pas sortir de son sujet, il le fait dans une note, où il essaie de réfuter les vues de Mounier sur le capitalisme et le monde bourgeois.
36. « Réflexions sur la personne humaine et la philosophie de la culture », *Cahiers Laënnec*, septembre 1935, p. 28 ; texte cité par le père Descoqs, *op. cit.*, p. 19.
37. *Op. cit.*, p. 20.
38. Par exemple, *Humanisme intégral*, Paris, 1936, p. 147 ; *La personne et le bien commun, op. cit.*, p. 62-63. Voici la traduction que dans ce dernier ouvrage Maritain donne des textes de saint Thomas. « Chaque personne individuelle a rapport à la communauté entière comme la partie au tout » (II-II, 62,2). « L'homme n'est pas ordonné à la société politique selon lui-même tout entier et selon tout ce qui est en lui » (I-II, 21,4, ad. 3).

CHAPITRE VI

Personne, société et communauté

Si l'on considère que l'individu est pour la société et la société pour la personne et si l'on estime que cette dernière n'a pas sa fin en elle-même mais se trouve ordonnée à une réalité qui la transcende, l'on est tout naturellement conduit à rechercher un terme pour faire pendant à celui de personne. Maritain ne nomme pas d'une manière précise cette réalité. Dans son ouvrage *Du régime temporel et de la liberté*, par exemple, il parlera d'une Jérusalem vivant de la vie même de Dieu.[1] Dans *La Personne et le bien commun*, il désignera cet ensemble où se trouve intégrée la personne comme une « société de pures personnes », la « société des personnes divines ». La personne écrit-il, « au-dessus de la société civile... entre, franchissant le seuil des réalités surnaturelles, dans une société qui est le corps mystique d'un Dieu incarné, et dont l'office propre est de la faire parvenir à sa perfection spirituelle et à sa pleine liberté d'autonomie, et à son bien éternel ».[2]

Le mot qui, chez Mounier, fera pendant à celui de personne c'est celui de *communion*, qui possède une certaine résonance spirituelle. Il réservera ces deux termes à la zone des rapports purement personnels par opposition à celle où se situent l'individu et la société. Cela se justifie en partie, pour peu que l'on veuille bien mettre l'accent sur l'aspect religieux de la notion de personne elle-même. Mais alors que pour un thomiste l'unique fin de la personne semble être de jouir de la béatitude éternelle, Mounier précisera que l'appel qu'elle reçoit de Dieu est, *hic et nunc*, une invitation à transformer la société elle-même. Préparer l'avènement de cette « société de pures personnes » suppose le passage par des phases en quelque sorte intermédiaires où s'affirmera la prédominance du personnel. Entre la société et la communion il y a solution de continuité. Entre ces deux zones s'interpose celle de la communauté. Et pour Mounier, dès qu'on quitte le *monde de l'on*, c'est-à-dire la société, faite d'êtres indifférenciés, anonymes et interchangeables, pour aborder *le monde du nous autres*, où apparaissent les premières traces de la communauté, on rencontre en quelque sorte la personne. Celle-ci appelle la communion ; mais faute de pouvoir y parvenir totalement elle fabrique du communautaire.

Individu et société d'une part, personne et communauté d'autre part forment des couples antithétiques. Il convient donc de s'interroger sur le sens réel des mots société et communauté pour en terminer avec l'opposition individu-personne et éclairer définitivement cette notion de personne.

1. *Origine de la distinction société-communauté*

Ce n'est pas à Maritain que Mounier emprunte la distinction société-communauté. Les thomistes dans leur ensemble tiennent ces deux mots pour synonymes et les emploient volontiers l'un pour l'autre, même si parfois ils considèrent que se trouve impliquée dans le second une idée de solidarité qui n'est pas contenue dans le premier. Ils acceptent tous cette définition de saint Thomas : « Une société paraît ne pas être autre chose qu'un ensemble d'hommes réunis pour réaliser quelque chose en commun ».[3] L'origine des conceptions de Mounier, nous la découvrirons dans les nombreuses discussions qui ont suivi la publication de l'ouvrage d'un sociologue et philosophe allemand, Ferdinand Tönnies, d'abord en Allemagne, puis en France et un peu partout ailleurs dans les années 20.

Paru en 1887, le livre de Tönnies[4] resta pendant des années presque inconnu. Mais après la première guerre mondiale son succès est allé grandissant ; et son influence demeure encore sensible aujourd'hui. Nous laisserons de côté toutes les théories métaphysiques et psychologiques qui sous-tendent les analyses sociales de Tönnies, pour ne retenir que ce qui a trait directement aux deux notions de communauté et société.

Les êtres humains constituent les parties d'un tout, le corps social ; mais ce tout ou bien préexiste aux parties, ou bien est formé par elles. Dans le premier cas, l'on parlera de communauté, dans le second de société. Celle-là ressemble à un organisme vivant, celle-ci à une machine construite. La communauté forme ainsi un tout homogène, un ensemble de consciences fortement dépendantes les unes des autres, une unité harmonieuse et spontanée, alors que la société est une juxtaposition d'individus différents qui ne peuvent constituer une réelle unité que par suite d'un contrat ou d'un accord réfléchi.

Il est dès lors facile de comprendre que les formes embryonnaires de la communauté soient, selon Tönnies, fournies par l'amour maternel, sexuel et fraternel. Seule en effet la communauté de sang permet une ressemblance telle entre les êtres qu'ils arrivent à former un ensemble compact et à penser, sentir et agir dans une union totale.

La famille est le groupe social où se réalise par excellence cette fusion. Mais le fait de vivre ensemble dans un même lieu et d'avoir en commun un grand nombre de traditions s'ajoute à la communauté de sang. Ainsi de la famille découlent des unités sociales plus complexes, le village dont la vie est réglée par les coutumes, la petite ville où la religion demeure le facteur essentiel de cohésion.

Mais au fur et à mesure que les petites villes ont pris de l'extension, la pénétration des consciences est devenue de moins en moins réelle. L'individu s'est trouvé en quelque sorte affranchi, soumis à son seul caprice, et la vie du groupe a cessé d'être dirigée par les coutumes et les traditions pour devenir l'œuvre des volontés individuelles, soucieuses uniquement de se garantir les unes contre les autres ou de se rendre des services dans l'attente d'une réciprocité. A l'union d'autrefois, fruit de l'instinct et fondée sur des solidarités profondes, a fait place une union voulue, recherchée et reposant sur un accord réfléchi. Il n'est pas nécessaire de décrire longuement cette *Gesellschaft*, c'est la société industrielle, c'est la vie dans les grandes villes modernes, fruit de la décadence de la communauté, c'est l'absence d'intimité et le règne du rationnel et de l'ordre légal.

Ces deux concepts, communauté et société, représentent ainsi les termes extrêmes d'une évolution historique qui se fait progressivement et qui n'est pas encore complètement terminée.

Il n'est pas dans notre propos de présenter une critique de cette conception [5] De sérieuses réserves pourraient être faites sur l'opposition entre, d'une part, l'organique, le vivant, le naturel et, d'autre part, le mécanique, l'artificiel, le réfléchi, qui seraient les caractéristiques de ces deux formes de vie sociale. De même la préférence que semble accorder Tönnies à la première est fondée non en vérité, mais sur des préjugés estimatifs. Cette attitude romantique de refus du monde moderne ne fausse-t-elle pas l'analyse des faits ? Une synthèse harmonieuse des deux n'est-elle pas concevable et possible ?

Retenons simplement le sens du terme communauté, ou plutôt les sens que lui donne Tönnies, car il y en a deux qui transparaissent au travers de son analyse.

D'abord la communauté se présente come un groupement réel, un ensemble objectivé, qu'on ne rencontre plus ou pratiquement plus de nos jours (au moins dans les sociétés industrielles), mais qui a existé dans le passé. En ce sens elle peut être identifiée avec une certaine étape dans l'évolution historique de la société.

Mais elle est également une manière d'être dans le groupe social, une forme de sociabilité. Elle exprime alors un certain degré de participation à l'intérieur des groupes sociaux. Et c'est sans doute parce qu'il n'existe pas de réelle « participation » (qui, dans la perspective

Personne, société et communauté

de Tönnies, ne pourrait se situer qu'au niveau de l'instinctif et de l'affectif pur) dans les groupes sociaux actuels que l'on ne rencontre plus de communautés dans le premier sens du mot.

Cette conception de Tönnies a marqué profondément la philosophie sociale allemande. De nombreux auteurs l'ont commentée et développée. Nous ne pouvons dans le cadre de ce travail faire le point sur les multiples modifications qu'ils y ont apportées. Il convient cependant de signaler la tentative de Max Scheler [6] qui a essayé de dépasser l'opposition entre l'instinctif et le réfléchi, et présenté une classification des formes de la sociabilité reposant essentiellement sur des manifestations de l'affectivité ou plus précisément sur des intuitions et expériences collectives d'ordre émotif. [7] Entre la *masse* fondée sur la simple contagion affective et la *communauté spirituelle* ou *personnalité collective complexe,* qui s'instaure grâce à l'amour, il existe deux autres types de sociabilité, égaux en valeur et dont la synthèse se trouve en quelque sorte réalisée dans la communauté spirituelle ; il s'agit de la *communauté-de-vie* qui a pour base la sympathie et de la *société* qui s'établit à partir de calculs et de raisonnements en vue de la recherche de l'agréable et de l'utile.

Les auteurs anglo-saxons, quant à eux, ont, dans leur ensemble, repris la conception de Tönnies, en l'obscurcissant davantage. Dans une thèse présentée en 1933 dans une université américaine se trouvent dénombrés sept sens différents réservés au terme de communauté par divers auteurs. [8] Et le sociologue P. Sorokin a pu faire remarquer que ces sens variaient non seulement d'un auteur à l'autre, mais d'une page à l'autre de l'écrit d'un même auteur. [9]

C'est le sociologue Mac Iver qui se trouve à l'origine de cette confusion. Selon cet auteur, la communauté caractérise tout groupe qui occupe un territoire défini et mène une vie commune. C'est donc un groupe réel à base territoriale, mais dont les membres se trouvent unis par un lien social fait d'intimité, d'intégration intense, de solidarité, et par tout un ensemble de coutumes, de traditions, de façons de vivre, de parler, etc. [10] Elle se distingue de l'association qui est un groupe organisé en vue de la poursuite d'un intérêt ou d'une série d'intérêts communs. Une communauté est un foyer de vie sociale, l'expression de la vie commune d'êtres sociaux ; une association est une organisation de vie sociale, établie en vue de la poursuite d'un ou de plusieurs intérêts communs. [11]

Cette conception de la communauté dont la parenté avec celle de Tönnies est très nette, lie donc deux caractéristiques différentes, le rapprochement dans l'espace et la solidarité. L'importance du concept de communauté, précise en effet Mac Iver [12], réside dans une grande mesure dans le fait qu'il révèle l'existence d'une relation entre la cohésion sociale et l'aire géographique. Mais cette relation est-elle évidente ? S'agit-il d'un lien logique ou d'une simple juxtaposition ?

Si Mac Iver avait raison, il faudrait, comme l'a fait remarquer Sorokin [13], considérer tous les habitants d'un village, d'une ville ou d'une unité territoriale quelconque comme ayant des relations d'intimité et de solidarité. Or cela est manifestement faux.

A quoi correspond donc dans la réalité la communauté envisagée de cette façon ? Au fond à rien de précis, car, pour reprendre certains arguments de Sorokin, le critère de solidarité permet de désigner par le terme de « communauté » un ensemble de personnes solidaires même si elles ne sont pas des habitants d'une même localité, et à l'inverse grâce au critère d'aire géographique, nous pouvons considérer comme formant une « communauté » des gens qui ne se trouvent pas liés par des relations de solidarité (les habitants d'un quartier d'une grande ville moderne par exemple). Dans les deux cas, il s'agirait d'une communauté qui ne serait pas réellement une communauté, ce qui ne signifie rien.

Aussi dans leurs analyses concrètes de la réalité sociale, les sociologues anglo-saxons ont-ils appelé communauté tantôt des groupements de localité, tantôt certains groupements à dominante affective et de dimension réduite, famille, classe d'école, par exemple. Ils ont considéré le mot voisinage comme synonyme soit de région soit de groupe primaire (ensemble où prédominent les relations inter-personnelles plutôt que les rapports fonctionnels). [14] De son côté, Gurvitch [15] a dénoncé la grande équivoque cachée derrière l'appellation *community-studies*.

Communauté, groupe réel ? Communauté, forme de sociabilité ? Ne convient-il pas de choisir ou en tout cas de ne pas utiliser le même mot pour désigner en même temps deux réalités extrêmement différentes ? En France l'on a préféré, en général, effectuer un choix entre les deux sens.

2. *Communauté, groupement réel*

Tout en retenant l'opposition établie par Tönnies, les auteurs français ont eu, pour la plupart, tendance à considérer la communauté comme un ensemble objectivé et non comme une simple manière d'être dans la société. La nation, la commune, la famille, le métier (d'où l'importance accordée aux corporations) en sont les exemples le plus souvent cités. Nous ne pouvons analyser la grande masse de textes publiés par les représentants de cette tendance.

Seule retiendra notre attention la pensée de François Perroux qui nous semble avoir fait, dans cette direction, l'effort le plus sérieux pour clarifier la notion de communauté. Ses écrits sur le sujet, à cause du contexte historique dans lequel ils ont vu le jour (le livre de Perroux, *Communauté*, a paru aux Presses Universitaires de France en 1942), doivent être soigneusement distingués de toute la littérature que cette notion à suscitée et qui est peut-être le résultat de ce calcul, signalé par Perroux, au début de son ouvrage : celui des classes dirigeantes mettant en circulation une idée pour faciliter leur domination.

C'est à une quête objective de la réalité que procède Perroux et à une analyse rigoureuse qu'il soumet cette notion. Il n'est pas possible ici de rendre compte de toute la richesse des observations et conclusions qu'il présente. Nous en retiendrons juste ce qui est nécessaire à notre propos : aboutir à une définition claire de la communauté, afin de pouvoir mieux éclairer la notion de personne.

Des relations antérieures à toute volonté de l'agent humain, des situations ou fonctions complémentaires qui se présentent sous forme hiérarchique et constituent un ensemble structuré, une conscience du « nous » plus ou moins nette, telles sont les trois séries d'éléments que l'on découvre, d'après Perroux, au sein d'une communauté.

La première série pose le problème « communauté et nature ». Affirmer la présence dans une communauté d'éléments qui ne dépendent pas de la volonté et qui lui préexistent peut tendre à faire croire que celle-ci constitue un groupement naturel, dans le sens que nous avons vu, par exemple, Tönnies lui donner. Ce n'est nullement le cas et rien n'est plus étranger à la pensée de Perroux que l'opposition de l'instinctif et de l'arbitraire, du naturel et de l'artificiel, du vivant et du mécanique, de l'affectif et du rationnel.

Au contraire à partir des éléments qui se situent à la base des comunautés (le sang en ce qui concerne la famille, l'effort ou le travail dans le cas des professions et des métiers, et le lieu pour ce qui a trait aux groupements de localité) s'exerce toute une activité consciente des hommes. « Tout le long de l'histoire des sociétés les plus diverses, écrit Perroux, on voit la *conscience* et en quelque mesure la *réflexion*, travailler sur les relations nécessaires et élémentaires que nous avons signalées, pour les composer, les isoler, les interpréter, les organiser ». [16]

Aussi convient-il d'éviter d'appeler les communautés des groupements naturels. Si l'on tient à cette dénomination, encore faut-il préciser qu'il ne s'agit pas d'ensembles déterminés par la seule nature physique et biologique de l'homme, mais de groupements fondamentaux, c'est-à-dire d'unités collectives, « qui, dans une civilisation donnée, représentent la structure fondamentale de cette civilisation. Ainsi en est-il dans les grandes civilisations historiques de la famille, du métier, du village, de la ville. Ces groupements, à l'intérieur d'une même tranche de civilisation, montrent plus de permanence et de résistance que d'autres groupements que, par comparaison, on peut considérer comme temporaires ou accidentels. Ils correspondent aux relations nécessaires de sang, d'efforts, de lieu... » [17]

Les communautés apparaissent donc comme des groupements « naturels » ou fondamentaux, en ce sens qu'ils se maintiennent, réapparaissent ou se reconstituent malgré certains bouleversements historiques et les transformations profondes qui surviennent au sein des sociétés. Elles ont une force de résistance qui assure leur permanence, même si leur contenu a varié d'hier à aujourd'hui et est différent ici ou là.

La deuxième série d'éléments pose le problème « communauté et intégration ». Si nous analysons les groupes sociaux, nous y décelons un certain nombre de facteurs qui concourent à assurer leur cohésion. La contrainte, qui peut aller jusqu'à l'emploi de la force physique, l'échange de services, une interaction entre les consciences, tels sont les trois facteurs qui font d'un ensemble d'individus visant des buts communs et unis par des liens d'une certaine permanence des groupements intégrés.

Si nous reprenons les exemples de groupements fondamentaux indiqués précédemment, famille, profession, village, ville, on s'aperçoit qu'ils forment des ensembles de situations et de fonctions complémentaires et hiérarchisées. Les membres de ces diverses formes de communauté entretiennent des rapports aussi bien d'union que d'opposition. Mais à l'intérieur de ces ensembles objectivés, il ne serait pas difficile, au terme d'une patiente analyse, de dénombrer les fonctions qui s'entrecroisent et les principales situations qui se coordonnent. Ce sont des groupements intégrés présentant une structure typique et dont la cohésion s'explique par la contrainte, l'échange de services et l'adhésion des consciences. Aucun de ces facteurs n'agit seul, les trois se manifestent plus ou moins conjointement.

En abordant la troisième série d'éléments, nous passons de l'étude des conditions objectives à celle des conditions subjectives de l'existence des communautés. Le problème « communauté et adhésion » se trouve ici posé. Il existe en effet des rapports entre les consciences individuelles. Et au sein des « nous » que forment les groupes sociaux, les relations entre les consciences se situent à des niveaux différents, elles varient entre le simple contact et la communion.

Le simple contact est le niveau le plus bas auquel peut se situer le rapport entre les consciences au sein d'une communauté ; ce phénomène s'observe plus fréquemment dans les groupements de localité et dans la profession que dans la famille. Sur un autre plan se place l'interpénétration qui admet des degrés différents, en particulier celui de la solidarité et celui de la communion. « L'interpénétration ou fusion partielle des consciences, pense Perroux, définit l'esprit de communauté. Les consciences s'entrepénètrent dans un objet commun qui n'est jamais sans plus une somme d'objets individuels poursuivis en commun, mais un objet qui est véritablement « nôtre » au-delà du « mien » et du « tien ». Les biens matériels sont naturellement « miens » et « tiens ». En sorte qu'un objet vraiment commun doit toujours les dépasser ».[18] Ainsi tout en accomplissant souvent des actes individuels à atteindre en commun, les indivdus liés par le sang, l'effort, le lieu, ont des buts communs et réalisent des œuvres communes. Cela suppose une certaine adhésion des consciences. La communauté peut donc être définie comme « un tout organique et spontané, œuvre de l'histoire. Elle hiérarchise des fonctions complémentaires qui suscitent et expriment la fusion des activités et des consciences à l'occasion d'éléments communs et en vue d'objets communs. Elle est éventuellement dotée d'une organisation qui correspond à son contenu et à sa structure ». [19]

Le mot organique ne peut prêter à confusion, étant donné ce qui a été dit précédemment. Il ne fait pas référence à une quelconque conception organiciste. La communauté est un tout organique en ce sens qu'en deçà de ses superstructures organisées, il existe quelque chose de vivace ; c'est la zone des formes souples, des activités qui échappent à la cristallisation sociale, qui sont en perpétuelle transformation et qui, à un moment donné, ne sont ni exprimables ni prévisibles en formules générales ». [20]

Cette petite mise au point faite, il reste à faire remarquer que si les groupements dits fondamentaux sont des communautés, c'est-à-dire comprennent des relations communautaires, des structures communautaires et éventuellement une organisation communautaire, les autres groupements sociaux ne sont pas, eux, des communautés. Ils peuvent être le siège de relations communautaires, comporter des éléments observables dans les communautés. Ils ne doivent pas pour autant être appelés des communautés.

3. *Communauté, forme de sociabilité*

Mounier, pour sa part, s'orientera dès 1932, sur une toute autre voie. Retenant, lui aussi, la distinction de Tönnies, il considérera exclusivement la communauté comme une forme de sociabilité. La société, pour lui, se confond avec le règne de la masse, avec le monde de l'*on*, avec la zone d'objectivation où les personnes ne sont plus des personnes, mais des êtres indifférenciés et anonymes, c'est-à-dire des individus. Mais il emploie la plupart du temps le terme de société pour désigner les groupes ; ainsi parlera-t-il de sociétés en nous autres, de sociétés vitales..., mais aussi de société économique, de société familiale, de société nationale et internationale. Précisons tout de suite que cette ambiguïté se dissipera par la suite ; quand Mounier cessera d'opposer l'individu à la personne, il n'identifiera plus la société à la forme la plus dégradée des relations entre les hommes et la considérera comme un ensemble objectivé, d'une manière neutre pour ainsi dire ; société sera simplement synonyme de groupement.

La communauté, elle, sera toujours maintenue comme une manière d'être au sein des groupes ou des sociétés. Entre cette réalité informe que Mounier appelle, comme Scheler, les masses et cet ensemble harmonieux, « personne de personnes », où l'amour se substituerait à la contrainte, la communion à l'indifférence, et qu'il estime seul être digne de mériter le nom de communauté [21], s'interposent divers stades qui sont autant de degrés de la communauté et comme des étapes dans la voie d'un épanouissement personnel et collectif. Enumérons-les rapidement : la « société en nous autres » du type « bloc », caractérisée par une certaine abnégation de ses membres, mais aussi par l'absence de responsabilité et en définitive par l'oppression ; la « société en nous autres », fondée sur la camaraderie et le compagnonage, mais où la vie se situe toute en surface ; la « société vitale », attirée par des valeurs telles que le bien-vivre et le bonheur, qui attend de ses membres l'accomplissement de tâches précises, utiles à l'ensemble, et qui vise moins à l'universalité et à l'établissement d'échanges spirituels qu'à l'organisation ; la « société raisonnable », qui admet deux variantes, d'une part la « société des esprits », rassemblement opéré sous la bannière d'une raison impersonnelle et qui tend à une impossible unanimité des consciences, d'autre part la « société juridique contractuelle », elle aussi, fruit du rationalisme bourgeois et où le droit cesse d'être une tentative réelle pour incarner la justice. [22]

Toutes ces manières d'être dans un groupe correspondent aux divers liens qui nouent les hommes entre eux. Très imparfaites, elles se situent fort loin de la communauté véritable, la communauté personnaliste, coordinatrice de personnes, difficilement réalisable en ce monde mais terme idéal vers lequel il faut tendre.

Georges Gurvitch a reproché à Mounier et aux personnalistes d'avoir ainsi idéalisé la communauté et d'avoir formulé des jugements de valeur au lieu de se borner à une analyse de la réalité. [23] En fait l'ambition de Mounier n'a jamais été de parvenir à une classification sociologique rigoureuse des types de sociabilité. Les formes sociales qu'il décrit ne représentent pas des catégories scientifiques. Il s'agit, comme l'écrit Ricœur, « de moments pédagogiques, ... non de types empiriques issus de l'observation, mais de formules possibles de vie en commun, jalonnant un mouvement de chacun et de tous vers la perfection ». [24]

Il faut cependant se demander si le terme de communauté peut être réservé pour désigner à la fois les multiples ébauches de rencontres, qui demeurent toutes imparfaites et que Mounier appelle pourtant des degrés de la communauté, et cette réalité idéale dont il nous invite à nous approcher. La communauté peut-elle être entendue dans le même sens dans les deux cas. Dans le premier elle constitue une forme de sociabilité et sert à exprimer les cristallisations intermédiaires entre la zone du monde social objectivé et la région où s'instituent des rapports personnels purs. Dans le second, s'agit-il encore d'une forme de sociabilité ? Ne retrouvons-nous pas l'autre sens que prend le mot chez Tönnies ? Mais alors que pour ce sociologue, la communauté comme groupement réel est une étape, malheureusement dépassée de l'histoire de l'humanité, pour Mounier elle est un groupement réel dont l'existence se trouve projetée dans un monde eschatologique : communion des saints, corps mystique du Christ !

Pour lever cette ambiguïté, il convient de bien préciser le sens à donner au mot communauté. En définitive est-ce une forme de sociabilité ou un groupement réel ? Nous avons déjà examiné quelques conceptions qui ont été formulées ici et là. Ajoutons-y celle qu'a présentée Gurvitch.

Pour ce sociologue, la comunauté ne correspond en aucune façon à un groupe social réel, existant ou ayant existé. C'est une forme de sociabilité, sorte d'état, de manière d'être dans la société ; elle exprime uniquement un certain degré de participation à l'intérieur des groupes. C'est la seconde perspective tracée par Tönnies, mais ici encore Gurvitch s'oppose nettement à ce dernier et présente une définition de la communauté complètement différente de la sienne. Si la communauté ne peut être, à son avis, identifiée avec une quelconque étape du développement historique, elle n'a rien à voir non plus avec l'instinct ou la pure affectivité. Au contraire elle lui apparaît comme la forme la plus rationnelle et la plus réfléchie de la sociabilité.

Un groupe constitue en quelque sorte un « nous » et forme « un tout irréductible à la pluralité de ses membres, une unité nouvelle indécomposable où cependant l'ensemble tend à être immanent à ses parties et les parties immanentes à l'ensemble ». [25] Mais au sein d'un groupe, il n'existe jamais de fusion totale ; celle-ci ne peut être que partielle.

Masse, communauté, communion, tels sont les trois degrés d'intensité de la sociabilité par fusion partielle dans le « nous ». « Il faut entendre par Masse, écrit Gurvitch [26], le degré minimum d'intensité dans la participation au Nous, accompagné de la pression la plus forte et de l'attraction la plus faible exercée par l'ensemble sur les participants ; le volume de celui-ci admet alors la possibilité d'une expansion quasi illimitée. On doit comprendre par Communauté le degré moyen d'intensité dans la participation au Nous, accompagné d'une pression moyenne et d'une attraction également moyenne exercée par l'ensemble sur les participants ; le volume de cet ensemble n'admet alors pas d'expansion au-delà de certaines limites. Il convient de voir dans la Communion le degré maximum d'intensité dans la participation au Nous, accompagné de la pression la plus faible et de l'attraction la plus forte exercées par l'ensemble sur les participants ; le volume de celui-ci tend alors à se rétrécir pour maintenir la force et la profondeur de la fusion ».

Insistons davantage sur la communauté, puisque cette notion nous intéresse particulièrement.

Forme la plus durable et la plus stable du lien social, la communauté s'actualise plus fréquemment à l'intérieur des groupes et se trouve par conséquent plus aisément et plus souvent discernable. Comme la fusion entre les sujets y est d'intensité moyenne, ceux-ci n'étant pas isolés ni fondus dans l'ensemble d'envergure moyenne, l'apparition de structures nettes, de conduites collectives régulières et de modèles de comportement préétablis, figés et plus ou moins rigoureux se trouve favorisée.

Cela se comprend assez aisément. Quand un groupe social est à l'état de masse, c'est-à-dire quand la fusion en son sein est très faible, ses membres se trouvent orientés plus par des images que par des jugements, et les structures, si elles existent, sont très lâches et sans grande consistance. De même quand un groupe social est à l'état de communion, c'est-à-dire quand la fusion en son sein est à un très haut degré, ses membres se laissent guider surtout par des intuitions et les structures existantes ont tendance à éclater et à se disloquer.

Par ailleurs, alors que dans la masse l'accord entre les individus se trouve réalisé par suite de l'existence d'événements extérieurs et matériels, à l'état de communauté, l'accord des consciences se fait d'une manière plus réfléchie. Comme l'écrit Jean Maisonneuve, dont les analyses à ce sujet se situent dans le prolongement de celles de Gurvitch, « l'autorité des normes communes n'y est pas subie, mais acceptée, et même approuvée ; il reste une marge de disponibilité individuelle ; l'homme peut s'y sentir à la fois *sujet* distinct d'autrui, et *membre* d'une collectivité qui lui est chère, et à laquelle il consent des sacrifices : c'est exactement le plan de la solidarité, à égale distance de la solitude et de la promiscuité oppressive ».[27]

Que penser de cette conception ? Si ces analyses paraissent fondées, des réserves peuvent être faites, en tout cas, sur la terminologie employée. Le terme masse peut être retenu dans le sens indiqué, même s'il semble aller à contre-courant. Il faut tendre à en faire un concept vraiment scientifique, et Gurvitch a raison de vouloir le libérer de tout contenu affectif.

Quant au terme communion qui, chez cet auteur, est dépourvu de toute signification élogieuse et ne désigne nullement un phénomène de nature plus ou moins mystique, il caractérise une réalité qui se situe sur le seul plan du collectif. C'est la forme la plus intense du lien social, mais elle peut fort bien s'accompagner d'une dépersonnalisation. « Les participants d'une communion, écrit en effet Gurvitch, se sentent comme soulevés par un souffle libérateur qui balayerait

Personne, société et communauté 131

tous les obstacles, en les affranchissant d'eux-mêmes aussi bien que de tous les autres liens sociaux qui pourraient les gêner ». [28] Ne vaut-il pas mieux réserver ce terme, comme l'avait proposé, à un certain moment, Maisonneuve, au seul plan interpersonnel et penser avec ce dernier qu'il « ne convient que là où deux existences, deux êtres personnels, se rencontrent, non pas à une collectivité qui peut seulement être le foyer de phénomènes de participation à divers degrés ». [29]

Il est vrai que la position de Maisonneuve a un peu évolué et que ce dernier, se fondant sur divers témoignages de membres de « petits groupes », semble actuellement considérer que la « relation communielle » peut revêtir un caractère collectif. « ... Il ne s'agit nullement alors de processus de fusion et d'identification, anonyme, comme des foules nombreuses peuvent parfois en provoquer, écrit-il, mais d'une communion qui reste interpersonnelle tout en étant *plurielle* ; c'est-à-dire où chaque sujet se sent uni à d'autres qui ne se confondent pas entre eux et avec lesquels lui-même ne se confond point ». [30]

On peut quand même se demander si, en dehors de cas tout à fait exceptionnels, la famille réduite à l'ensemble parents-enfants ne constitue pas le seul exemple de groupe où certains états de communion sont susceptibles de s'observer. Une recherche de vocabulaire nous paraît s'imposer pour trouver le mot approprié à certains phénomènes d'élan, d'enthousiasme, de « quasi-communion », qui se manifestent parfois dans une communauté ou un groupe social et qui dépassent le plan de la simple solidarité. Peut-on, en effet, enlever sa coloration spirituelle à la communion, et celle-ci est-elle possible sans une médiation du transcendant ou de l'Absolu ?

Enfin le deuxième degré d'intensité de la sociabilité par fusion partielle semble bien caractérisé par Gurvitch, mais le mot communauté doit-il être réservé pour désigner cette réalité ?

4. *Personne et humanité*

Nous voici contraint de choisir. La communauté est-elle une forme de sociabilité ou un groupement réel ? Reconnaissons tout d'abord que chacun a le droit de donner à un mot quelque peu abstrait le sens qu'il veut, pourvu que le contexte éclaire celui dans lequel il le prend, et à la condition que ce sens ne s'écarte pas trop de celui qu'il revêt dans le langage courant. « Etat de ce qui est commun », telle est la première définition qu'en donne le *Larousse*. Le *Vocabulaire philosophique* de Lalande, pour sa part, distingue un sens abstrait et un sens concret. La communauté y est définie comme le « caractère de ce qui est commun », ou comme le « groupe social caractérisé par le fait de vivre ensemble, sur des biens ou des ressources qui ne sont pas propriété individuelle » (une communauté religieuse, par exemple). [31] Si l'on écarte ce dernier sens, à la fois précis et particulier, existe-t-il une raison particulière de privilégier la position de Gurvitch par rapport à celle préconisée par d'autres, tel François Perroux ?

A la vérité, la théorie de Perroux nous semble reposer en grande partie sur des *a priori* estimatifs. En fait deux des trois séries d'éléments (l'intégration et l'adhésion), qui, selon lui, caractérisent la communauté, se retrouvent dans la plupart des groupements sociaux. Seule la première sert en définitive de critère de discrimination entre ce qui est communauté et ce qui ne l'est pas. Or sur quoi peut-on se fonder pour établir une hiérarchie entre des groupements qui seraient fondamentaux et dans ce sens « naturels » et les autres ? Pourquoi privilégier le sang et le lieu, par exemple ? La nation, la commune, les métiers et même la famille sont nés au cours des temps. Ils ont acquis certes une grande importance ; mais d'autres groupements apparus hier ou qui naîtront demain, qu'ils soient d'ordre politique, économique ou autre, ne sont-ils pas déjà ou ne seront-ils pas, eux aussi, fondamentaux ? Est-il donc possible de faire de la communauté un groupement réel ? Qui peut légitimement prétendre qu'actuellement une ville ou un quartier, sans parler des cités-dortoirs, forme un groupement plus fondamental qu'un syndicat par exemple ? Le fait que tout le monde possède nécessairement un domicile et vit en un lieu, alors que nombre de travailleurs ne sont pas syndiqués peut-il constituer un critère valable ?

Il ne semble pas possible de faire de la communauté un groupement réel. A moins de décider arbitrairement de réserver ce terme aux seuls types de groupement dont tout homme fait nécessairement partie. Mais en ce cas les métiers cesseraient d'être des communautés. Les groupements familiaux et de localité seraient les seuls exemples à citer.

Il semble difficile de restreindre à ce point le sens d'un mot. Si la communauté est *l'état* ou *le caractère de ce qui est commun*, il paraît plus normal d'en faire une forme de sociabilité. Aussi proposerons-nous les quelques définitions suivantes. Une société est un ensemble de groupes qui, poursuivant chacun des objectifs propres et entretenant les uns avec les autres des rapports consolidés en institutions, se trouvent engagés en permanence dans des processus d'opposition et de fusion partielles. Nous inspirant de Gurvitch, nous appellerons groupe ou groupement un ensemble d'individus qui visent une œuvre commune, ont des attitudes et des comportements communs et forment une unité au sein de laquelle les forces de cohésion l'emportent sur les forces de dissolution. Enfin comme Gurvitch nous comprendrons par communauté « le degré moyen d'intensité dans la participation au Nous... » une manière d'être dans les groupes sociaux.

Si nous écartons toute opposition entre la société et la communauté, il s'en suit des conséquences pour la compréhension de la notion de personne elle-même. Ce n'est pas la misère du langage, comme le pense Mounier [32], qui nous contraint à parler de philosophie personnaliste et communautaire. Certes ce dernier mot n'ajoute rien au mot personnalisme et celui de communauté rien à celui de personne. Mais nous pouvons dire également que le terme communauté n'est pas contenu dans celui de personne ni le terme communautaire dans celui de personnalisme. Il faut prendre garde, en effet, à ne pas confondre les divers ordres de réalité. La personne est une notion métaphysique et spirituelle, la communauté une catégorie sociologique. Si le personnalisme est né, comme l'a proclamé avec raison son fondateur, de la crise d'une civilisation, capitaliste dans ses structures économiques, bourgeoise et individualiste dans son orientation générale, l'expression *révolution personnaliste et communautaire* paraît inadéquate pour rendre compte de tout le contenu de la réponse du mouvement personnaliste. Celle de *révolution socialiste et personnaliste* convient mieux, car elle pose d'emblée la dichotomie des deux niveaux sur lesquels on cherche à se placer : économique et politique d'une part, éthique et spirituel d'autre part. [33]

Il nous semble en définitive permis de dire que les hommes, en tant qu'individus, forment des groupes qui peuvent être à l'état de communauté et dont l'ensemble constitue la société. Les hommes, en tant que personnes, forment une réalité qui se situe sur un autre plan et pour laquelle il faudra inventer un nom. « Communion des saints », « corps mystique du Christ », qui semblent être pour Mounier les exemples de la « vraie communauté », ne peuvent être retenus, car ce serait faire de la personne une notion purement religieuse.

S'il faut absolument en trouver un, dès maintenant, et choisir un terme pour faire pendant à celui de personne, nous proposerons celui *d'humanité*. [34]

L'individu, avons-nous souvent affirmé, est possibilité de signe et la personne c'est l'individu pourvu d'une signification. Peut-être nous sera-t-il permis d'ajouter : les groupes sociaux sont également possibilité de signe ; l'humanité, conçue comme une totalité en devenir, comme une réalité à faire être, c'est l'ensemble des groupes en tant qu'ils sont pourvus d'une signification ?

NOTES DU CHAPITRE VI

1. Paris, 1933, p. 62.
2. *Op. cit.*, p. 71.
3. « Societas nihil aliud esse videtur quam adunatio hominum ad aliquid unum communiter agendum », *Contra Impugnantes Dei cultum ac religionem*, C. III.
4. F. Tönnies, *Gemeinschaft und Gesellschaft*, traduction française, Paris, 1944,
5. Nous renvoyons à celle que présente Georges Gurvitch dans *La Vocation actuelle de la sociologie*, t. I, *op. cit.*
6. *Cf.*, par exemple, *Nature et formes de la sympathie*, trad. française, Paris, 1928 ; *Le Formalisme en éthique et l'éthique matériale des valeurs*, trad. française, Paris, 1955. Sur l'ensemble de la pensée de Scheler, *cf.* M. Dupuy, *La Philosophie de Max Scheler*, Paris, 2 vol., 1959.
7. Scheler néglige le fait que ces intuitions et expériences collectives peuvent tout aussi bien être d'ordre intellectuel ou volontaire. *Cf.* G. Gurvitch, *La Vocation...*, *op. cit.*
8. *Cf.* J. Y. Chu, *Community organization, A process of social contral*, Vanderbilt University, 1933.
9. *Cf.* P. Sorokin, *Society, culture and personality*, New York, 1947.
10. R.M. Mac Iver, *Community, a sociological study*, London, 1917, p. 22-23.
11. *Ibid.*, p. 24.
12. R.M. Mac Iver, *Society, A textbook of sociology*, New York, 1937, p. 9.
13. *Op. cit.*
14. *Cf.* L. Wilson, « Sociographie des groupements », dans *La Sociologie au 20e siècle*, vol. I, éd. française, Paris, 1947.
15. *Op. cit.*, p. 166.
16. *Op. cit.*, p. 17-18.
17. *Ibid.*, p. 27.
18. *Ibid.*, p. 61.
19. *Ibid.*, p. 72.
20. *Ibid.*, p. 35.
21. Cette « personne de personnes » ressemble à la « communauté spiri tuelle » ou « personnalité collective complexe » de Scheler.
22. *Cf. Révolution personnaliste et communautaire, Œuvres*, t. I, p. 184-209 ; *Manifeste au service du personnalisme*, *Ibid.*, p. 536-542.
23. *La Vocation actuelle de la sociologie*, t. I, *op. cit.*, p. 165.
24. « Une philosophie personnaliste », *Histoire et vérité*, *op. cit.*, p. 113.
25. G. Gurvitch, *La Vocation actuelle de la sociologie*, *op. cit.*, p. 134.
26. *Traité de sociologie*, t. I, 2e sect., « Problèmes de sociologie générale », Paris, 2e éd., 1962, p. 176.
27. J. Maisonneuve, *Psychologie sociale*, Paris, 1951, p. 43.
28. *La Vocation actuelle de la sociologie*, *op. cit.*, p. 168.
29. J. Maisonneuve, « Réflexions sur le collectif et l'interpersonnel », *Cahiers internationaux de sociologie*, vol. X, 1951, p. 105.
30. J. Maisonneuve, *La Psychologie sociale*, nouvelle éd., Paris, 1964, p. 35.

31. Du même point de vue concret, on peut parler également d'une communauté de travail.

32. *Cf. Révolution... et Manifeste...,* Œuvres, t. I, p. 194, 540.

33. Peut-être était-il difficile sinon impossible à Mounier de se présenter, en 1932, sous une telle étiquette. Le socialisme avait été formellement et explicitement rejeté par toute la hiérarchie de l'Eglise catholique. Le mouvement Esprit n'aurait pas échappé à une condamnation qui aurait été sans nul doute très lourde de conséquences.

34. On pourrait ainsi employer le terme *humanitisation* pour désigner le mouvement d'unification progressive des groupes sociaux, qui semble s'accélérer de nos jours. Personnellement nous le préférons de beaucoup à celui de *socialisation*, qui, depuis quelque temps, est utilisé fréquemment dans divers milieux catholiques. Le mot socialisation a, en effet, des sens précis : en psychologie et en sociologie, il est synonyme d'éducation, d'acculturation ; en économie, il désigne la collectivisation des moyens de production. Pris dans le sens d'une interdépendance croissante des hommes et des groupes, d'une unification progressive des sociétés, comme l'a fait Teilhard de Chardin et apparemment à sa suite les traducteurs de l'encyclique *Mater et Magistra*, il nous paraît source de grandes confusions. Certains préconisent l'emploi du mot sociétisation. En tout cas, une recherche de vocabulaire s'impose.

Conclusion

L'objectif essentiel de ce travail était de parvenir à une définition de la personne. Aussi, au terme de nos analyses, proposerons-nous la formulation suivante : *la personne est la substance individuelle de nature raisonnable, appelée à accomplir une œuvre.*

On ne s'étonnera pas de nous voir garder dans son intégralité la définition de Boèce. Comme nous l'avons signalé à maintes reprises, il n'existe pas de discontinuité entre la personne chrétienne traditionnelle et la personne telle qu'elle apparaît à travers le personnalisme contemporain. Il s'agit de la même notion, qui se trouve maintenant enrichie et complétée. Je suis une personne, c'est-à-dire un suppôt, un sujet, un être qui subsiste par lui-même, indivisible, conscient de soi, raisonnable et libre, mais un être pourvu d'une signification et appelé à œuvrer dans le monde, par conséquent à se donner et à lui donner un sens. Etre créé, je suis une personne, c'est-à-dire co-créateur de ce monde qui se fait. Singularité, rationalité, vocation, tels sont les trois concepts principaux, inclus dans la notion de personne qui, elle, se trouve liée à la notion fondamentale de création.

Toute une série de synthèses se trouvent ainsi opérées sur des plans très divers. Synthèse du sujet psycho-social et du sujet moral, de l'intériorité et de l'extériorité, du singulier et de l'universel, de l'individu comme sujet et de l'individu comme être objectivé, de certaines tendances de l' « intimisme » philosophique, représenté par Maine de Biran et les philosophes de l'existence, et de quelques aspects du marxisme, cette philosophie qui essaie d'assumer la science, la technique, le progrès et l'histoire, synthèse enfin de l'être créé et de l'homme créateur, c'est-à-dire de la métaphysique biblique et de l'humanisme moderne.

La définition proposée permet par ailleurs de fondre en une seule les deux perspectives dans lesquelles les personnalistes se sont souvent situés pour parler de la personne. Celle-ci, en effet, a parfois été considérée comme une présence, certes indescriptible mais certaine, une réalité cachée en quelque sorte derrière tous nos gestes, toutes nos attitudes et les transcendant, sorte de donnée non directement observable et perceptible, mais dont l'existence s'authentifie par un certain nombre d'actes significatifs. D'autres fois, elle a été présentée moins comme une donnée que comme une conquête, une tâche, un projet. Ces deux conceptions se trouvent ici rassemblées et cette uni-

Conclusion

fication peut être rendue sensible par cette formule qui a souvent été utilisée et qui est à la fois fort banale et pleine de profondeur : *deviens qui tu es*. L'homme doit chercher et retrouver en lui ce qu'il est en fait. Chercher et retrouver : la personne est une conquête. L'homme est une personne puisqu'il est cet être voué, mais il n'est pas tout à fait une personne, il doit le devenir, il le sera dans la mesure où cette vocation sera réalisée et où la participation à la création, attendue de lui, sera effective.

N'est-ce pas cependant se montrer infidèle à l'esprit sinon à la lettre même des personnalistes que de maintenir le terme substance ? Mounier et Landsberg, par exemple, ne l'ont-il pas très souvent rejeté, estimant que son emploi risquait de faire apparaître la personne comme une essence statique ? En fait nous gardons ce concept parce qu'il nous paraît donner à la personne plus de poids et de densité. Mais nous ne le prenons pas dans le sens qu'il a eu pendant longtemps. Nous nous opposons à la théorie classique de la substance et nous adoptons la conception de Jean Wahl, telle qu'il l'expose dans son traité de *Métaphysique*.[1] La substance, comme il le dit, ne doit pas être considérée comme « quelque chose de dicible » ; elle est « plutôt un sentiment qu'une idée ». En reprenant certaines de ses expressions, nous préciserons que la personne n'est pas une « substance exprimable » mais une « substance ineffable ».

Nous comprenons dès lors dans quelle mesure il est possible d'affirmer qu'elle n'est pas définissable. C'est que les êtres singuliers ne donnent pas prise à une approche purement rationnelle. La pensée échoue à les pénétrer dans leur intimité. Le sentiment est la voie d'accès privilégiée qui mène d'une personne à une autre personne.

Il y a certes là un paradoxe. La substance individuelle de nature raisonnable voit sa rationalité s'arrêter à un certain seuil. Avouons que nous nous trouvons dans une situation en quelque sorte intolérable, dont il convient de sortir. Mais y a-t-il d'autre issue que de reconnaître que la notion de personne elle-même est à élaborer davantage, qu'elle est incomplète et que les personnalistes doivent essayer d'y introduire un autre élément très important qu'elle présuppose, mais ne contient pas vraiment : le sentiment, l'amour, doivent y être intégré d'une manière explicite.[2]

Malheureusement cette tâche ne nous semble pas actuellement réalisable. La pensée contemporaine pose au personnalisme des problèmes plus urgents à résoudre. Et de ce fait le développement de la notion de personne se trouve en partie bloqué. En partie, car, recouvrant la notion d'homme, la notion de personne ne cessera de s'enrichir en intégrant les découvertes des sciences de l'homme. Mais comme elle est de nature métaphysique, son renouvellement ou son enrichissement dépendent avant tout de la nature des réponses que les personnalistes feront aux questions métaphysiques de notre époque. Personnellement, nous pensons que tout le devenir de cette notion est suspendu à la réussite du projet de Paul Ricœur qui, face aux doctrines modernes destructrices du sens, vise à instituer à partir d'un monde de symboles une herméneutique proprement philosophique.

Il faut retrouver le *sens*. Philosopher, contrairement à ce que nous avons cru un temps, ne consiste pas avant tout à transformer le monde. Aujourd'hui plus que jamais peut-être, le philosophe doit tendre à restaurer et à sauvegarder le sens. Ensuite il sera sans doute possible d'unir sous le même concept de personne, qui acquerra ainsi toute sa dimension, l'homme créateur et l'homme aimant, l'amour étant à la fois désir et cœur.

La philosophie chrétienne après avoir scruté les notions de création puis de personne devra alors élaborer celle d'humanité. Création, personne, humanité, trois notions philosophiques, fécondées par une réalité extra-philosophique, sortes de bornes plantées sur le chemin qui part du Verbe pour aboutir au Corps Mystique.

NOTES DE LA CONCLUSION

1. *Op. cit.*, p. 52-73.
2. De nombreuses méditations des philosophes personnalistes s'ordonnent autour du thème de l'amour. *Cf.* par exemple G. Madinier, *Conscience et amour*, op. cit., J. Lacroix, *Personne et amour*, op. cit. Cette réflexion devrait se poursuivre et tendre à l'élaboration d'une philosophie du *don*.

Bibliographie des travaux cités et consultés

I. BIBLIOGRAPHIE GENERALE [1]

Esprit, revue fondée par Emmanuel Mounier en 1932 et dirigée après sa mort par Albert Béguin (1950-1957); *Esprit*, nouvelle série dirigée par Jean-Marie Domenach depuis 1957. [2]

LACROIX J., *Itinéraire spirituel*, Paris, Bloud et Gay, 1937, 188 p.
Vocation personnelle et tradition nationale, Paris, Bloud et Gay, 1942, 192 p.
Le Sens du dialogue, Neuchâtel, Ed. de la Baconnière, 1944, 151 p.
Force et faiblesse de la famille, Paris, Ed. du Seuil, 1949, 159 p.
Marxisme, existentialisme, personnalisme, Paris, Presses Universitaires de France, 1950, 123 p.
Les sentiments et la vie morale, Paris, Presses Universitaires de France, 1952, 87 p.
La Sociologie d'Auguste Comte, Paris, Presses Universitaires de France, 1956, 116 p.
Personne et amour, Paris, Ed. du Seuil, 1956, 150 p.
Le Sens de l'athéisme moderne, Paris Casterman, 1958, 127 p.
Histoire et mystère, Paris, Casterman, 1962, 135 p.
Maurice Blondel, sa vie, son œuvre avec un exposé de sa philosophie, Paris, Presses Universitaires de France, 1963, 140 p.
L'Echec, Paris, Presses Universitaires de France, 1964, 120 p.
Crise de la démocratie, crise de la civilisation, Lyon, Chronique sociale de France, 1965, 132 p.
Kant et le kantisme, Paris, Presses Universitaires de France, 1966, 128 p.
Panorama de la philosophie française contemporaine, Paris, Presses Universitaires de France, 1966, 249 p.

LANDSBERG P. L., *Essai sur l'expérience de la mort*, Paris, Ed. du Seuil, 1951, 158 p.
Problèmes du personnalisme, Paris, Ed. du Seuil, 1952, 227 p.

MADINIER G., *Conscience et mouvement*, Paris, F. Alcan, 1938, IX-483 p.
Conscience et amour, Paris, F. Alcan, 1938, 144 p.
Conscience et signification, Paris, Presses Universitaires de France, 1953, 140 p.

---

1. Elle comprend les principaux écrits des cinq philosophes personnalistes sur lesquels nous avons choisi de nous appuyer dans ce travail.
2. Nous ne reprenons pas dans la seconde partie de la bibliographie les diverses références à la revue *Esprit*.

La Conscience morale, Paris, Presses Universitaires de France, 1954, 123 p.
Vers une philosophie réflexive, Neuchâtel, Ed. de la Baconnière, 1960, 172 p.
Nature et mystère de la famille, Paris, Casterman, 1961, 139 p.

MOUNIER E., *Œuvres*, Paris, Ed. du Seuil, 4 vol., 1961-1963.

RICŒUR P., *Karl Jaspers et la philosophie de l'existence* (en collaboration avec M. Dufrenne), Paris, Ed. du Seuil, 1947, 400 p.
Gabriel Marcel et Karl Jaspers, Paris, Ed. du Temps présent, 1948, 456 p.
« Le renouvellement du problème de la philosophie chrétienne par les philosophies de l'existence », in *Le Problème de la philosophie chrétienne*, Paris, Presses Universitaires de France, 1949, p. 43-67.
« Sympathie et respect », *Revue de métaphysique et de morale*, octobre-décembre 1954, p. 380-397.
Philosophie de la volonté, Paris, Aubier ; t. I : *Le Volontaire et l'involontaire*, 1949, 466 p. ; t. II : *Finitude et culpabilité*, 1960 ; vol. I : *L'Homme faillible*, 165 p. ; vol. II : *La Symbolique du mal*, 336 p.
Histoire et vérité, Paris, Ed. du Seuil, 1re Ed., 1955, 270 p. ; 2e Ed. augmentée, 1964, 336 p.
De l'Interprétation, essai sur Freud, Paris, Ed. du Seuil, 1965, 534 p.

II. BIBLIOGRAPHIES PARTICULIERES [3]

Introduction

BLONDEL M., *Le Problème de la philosophie catholique*, Cahiers de la nouvelle journée, n° 20, Paris, Bloud et Gay, 1932, 224 p.
La Philosophie et l'esprit chrétien, Paris, Presses Universitaires de France, t. I, 1944, XVI, 340 p. ; t. II, 1946, XI, 380 p.
Exigences philosophiques du christianisme, Paris, Presses Universitaires de France, 1950, I, 308 p.

BRÉHIER E., « Y a-t-il une philosophie chrétienne ? », *Revue de métaphysique et de morale*, avril-juin 1931, p. 133-162.
« Hellénisme et christianisme aux premiers siècles de notre ère », *Histoire de la philosophie*, t. I, fasc. 2, chap. 8.

BRUNSCHVICG L., « Philosophie et religion », *Revue de métaphysique et de morale*, janvier 1935, p. 1-13.
La Raison et la religion, Paris, F. Alcan, 1939, 268 p.

Bulletin de la Société française de Philosophie, Armand Colin, séance du 21 mars 1931, p. 37-93 : « La notion de philosophie chrétienne ».

CHENU P., « Philosophie chrétienne », *Bulletin thomiste*, janvier 1928, p. 244-245.

DUMERY H., *La Philosophie de l'action*, Paris, Aubier, 1948, 224 p.

GILSON E., *Christianisme et philosophie*, Paris, J. Vrin, 1936, 169 p.
L'Esprit de la philosophie médiévale, Paris, J. Vrin, 2e éd. revue, 1944, VIII, 447 p.
Introduction à la philosophie chrétienne, Paris, J. Vrin, 1960, 227 p.

GOUHIER H., *La Philosophie et son histoire*, Paris, J. Vrin, 1944, 140 p.

---

3. Cette présentation par chapitre nous contraindra à quelques répétitions. Nous essaierons de les limiter le plus possible.

LABERTHONNIÈRE L., *Études de philosophie cartésienne et premiers écrits philosophiques*, Paris, J. Vrin, 1937, X, 590 p., in *Œuvres*, de Laberthonnière, publiées par les soins de Louis Canet.

LÉON XIII, *Æterni Patris*, in *Lettres apostoliques de S.S. Léon XIII*, t. I, Paris, Maison de la Bonne Presse, 1893.

LESTAVEL J., *Introduction aux personnalismes*, Paris, La Vie Nouvelle, 1961, 55 p.

MARCEL G., *Être et Avoir*, Paris, F. Aubier, 1935, 359 p.

MARITAIN J., *De la Philosophie chrétienne*, Paris, Desclée de Brouwer, 1933, 167 p.

MARX K., « Thèses sur Feuerbach », in K. Marx, *Œuvres philosophiques*, Paris, Ed. Alfred Costes, t. VI 1937.

MEHL R., *La condition du philosophe chrétien*, Neuchâtel, Paris, Delachaux et Niestlé, 1950, 208 p.

NÉDONCELLE M., *Existe-t-il une philosophie chrétienne ?* Paris, Arthème Fayard, 1956, 125 p.
Le Problème de la philosophie chrétienne, Paris, Presses Universitaires de France, 1959, 188 p.

RENARD A., *La Querelle sur la possibilité de la philosophie chrétienne*, Paris, Ed. « École et Collège », 1941, 131 p.

SCHULL P. M., *Essai sur la formation de la pensée grecque*, Paris, Félix Alcan, 1934, VIII, 468 p.

SOLAGES B. DE « Le Problème de la philosophie chrétienne », *Vie intellectuelle*, 10 décembre 1933, p. 215-228.

TRÈSMONTANT C., *Études de métaphysique biblique*, Paris, J. Gabalda et Cie, 1955, 264 p.

WAHL J., *Traité de métaphysique*, Paris, Payot, 1953, 724 p.

Chapitre I

ALLPORT G. W., *Personnality, a psychological interpretation*, London, Constable, 1938, XIV, 588 p.

ALQUIÉ F., *La Découverte métaphysique de l'homme chez Descartes*, Paris, Presses Universitaires de France, 1950, 384 p.

AUGUSTIN (saint), *Confessions*, Collection Budé, Société d'édition « Les Belles Lettres », t. I, 3ᵉ éd. revue et corrigée, 1944 ; t. II, 1947 ; les 2 vol., XXXIII, 413 p.

BASTIDE G., *De la Condition humaine*, essai sur les conditions d'accès à la vie de l'esprit, Paris, F. Alcan, 1939, 423 p.
Méditations pour une éthique de la personne, Paris, Presses Universitaires de France, 1953, 200 p.
La Conversion spirituelle, Paris, Presses Universitaires de France, 1956, VIII, 104 p.
Traité de l'action morale, Paris, Presses Universitaires de France, 1961, 2 vol., 858 p.

BAUDOIN C., « Quelques aspects nouveaux du problème de la Personne », *Revue philosophique*, novembre-décembre 1938, p. 307-323.
Découverte de la personne, Paris, Presses Universitaires de France, 1940, I, 174 p.

BAYET A., « Note sur l'histoire du mot "Personne" », *Journal de psychologie normale et pathologique*, juillet-septembre 1948, p. 326-336.

BECK L. W., « The Method of personalism », *The Personalist*, vol. XIX, automne 1938, p. 376 et sq.

BOUCHET H., *Introduction à la philosophie de l'individu*, Paris, Flammarion, 1949, 269 p.

BRUNSCHVICG L., *Le Progrès de la conscience dans la philosophie occidentale*, Paris, F. Alcan, 1928, 2 vol., XI, 807 p.
De la Connaissance de soi, Paris, F. Alcan, 1931, XI, 199 p.

BUBER M., *Je et tu*, Paris, Aubier, Éd. Montaigne, 1938, 173 p.

DESCARTES R., *Œuvres*, Éd. Ch. Adam et P. Tannery, Paris, L. Cerf, 12 vol. parus de 1897 à 1910.

DIETERLEN G., « La personne chez les Bambara », *Journal de psychologie normale et pathologique*, janvier-mars 1947, p. 45-53.
Essai sur la religion bambara, Paris, Presses Universitaires de France, 1950, 240 p.

DURKHEIM E., *De la Division du travail social*, Paris, F. Alcan, 1893, X, 471 p.; 7ᵉ éd. 1960.
Les Formes élémentaires de la vie religieuse, Paris, F. Alcan, 1912, 647 p.; 4ᵉ éd. 1960.

GHELLINCK J. DE, « L'histoire de persona et d'hypostasis dans un écrit anonyme porrétain du 12ᵉ siècle », *Revue néoscolastique de philosophie*, 36, 1934, p. 111-127.

GILSON E., *L'Esprit de la philosophie médiévale*, op. cit., cf. bibl. introduction.

GIRARD A., *Le Journal intime*, Paris, Presses Universitaires de France, 1963, XXIV, 640 p.

GODEFROY F., *Dictionnaire de l'ancienne langue française*, Paris, Emile Bouillon, 1889.

GOUHIER H., *Les conversions de Maine de Biran*, Paris, J. Vrin, 1947, 440 p.

GRIAULE M., « La Personnalité chez les Dogon », *Journal de Psychologie normale et pathologique* », octobre-décembre 1940, p. 468-475.
« Nouvelles recherches sur la notion de personne chez les Dogon », *ibid.*, octobre-décembre 1947, p. 425-431.

GUITTON J., *Le Temps et l'Éternité chez Plotin et saint Augustin*, Paris, Boivin, 1933, XXIV, 399 p.
Justification du temps, Paris, Presses Universitaires de France, 1941, VIII, 132 p.
Essai sur l'amour humain, Paris, Aubier, 1948, 260 p.
L'Existence temporelle, Paris, Aubier, 1949, 192 p.

L'Individualité, 3ᵉ semaine internationale de Synthèse, exposés par M. Caullery, P. Janet, C. Bouglé, J. Piaget, L. Fèbvre, discussions ; Paris, F. Alcan, 1933, III, 159 p.

KANT E., *Critique de la raison pratique*, Paris, F. Alcan, 1888, XXXVII, 326 p.
Fondements de la métaphysique des mœurs, Paris, Delagrave, 1907, 210 p.

KIERKEGAARD S., *Crainte et tremblement*, Paris, Aubier, Éd. Montaigne, 1935, XXVI, 221 p.
Le Concept d'angoisse, Paris, F. Alcan, 1935, 240 p.
Discours chrétien, Neuchâtel, Paris, Delachaux et Niestlé, 1952, 273 p.
La Répétition, Paris, F. Alcan, 1933, 208 p.
Traité du désespoir, Paris, Gallimard, 1932, 257 p.
Etapes sur le chemin de la vie, Paris, Gallimard, 1948, 425 p.
Riens philosophiques, Paris, Gallimard, 1937, 210 p.
Post-scriptum aux miettes philosophiques, Paris, Gallimard, 1941, XIII, 428 p.
Ou bien... ou bien, Paris, Gallimard, 1943, XIX, 631 p.
Vie et règne de l'amour, Paris, Aubier, 1945, 413 p.

LACHIEZE-REY P., *Le Moi, le monde et Dieu*, Paris, Aubier, nouvelle éd. revue et augmentée, 1950, 225 p.

LAROK V., *Essai sur la valeur sacrée et la valeur sociale des noms de personnes dans les sociétés inférieures*, Paris, Ernest Leroux, 1932, 175 p.

LAVELLE L., *La Dialectique de l'éternel présent* : I. *De l'Être*, Paris, Félix Alcan 1928, 215 p. ; nouvelle éd. entièrement refondue..., Aubier, 1947, 308 p. ; II. *De l'Acte*, Paris, Aubier, 1937, 543 p. ; III. *Du Temps et de l'éternité*, Aubier, 1945, 447 p. ; IV. *De l'Ame humaine*, Aubier, 1951, 559 p.
La Conscience de soi, Paris, B. Grasset, 1933, 313 p.
La présence totale, Paris, Aubier, 1934, 225 p.
Le Moi et son destin, Paris, Aubier, 1936, 231 p.
Les Puissances du moi, Paris, Flammarion, 1948, 284 p.

LEBRETON J., *Histoire du dogme de la trinité*, Paris, Gabriel Beauchesne, t. I, 1919, XXVI, 569 p. ; t. II, 1928, XXII, 701 p.

LEENHARDT M., *Do Kamo : la personne et le mythe dans le monde Mélanésien*, Paris, Gallimard, 1947, 261 p.
« Ethnologie et métaphysique », *Revue de Métaphysique et de Morale*, Juillet-octobre 1947, p. 358-371.
« La propriété et la personne dans les sociétés archaïques », *Journal de psychologie normale et pathologique*, juillet-septembre 1952, p. 278-292.

LE SENNE R., *Le Devoir*, Paris, F. Alcan, 1930, 604 p.
La Destinée personnelle, Paris, Flammarion, 1951, 285 p.
Traité de morale générale, Paris, Presses Universitaires de France, 1942, VIII, 759 p.

LOWENTHAL L., *Literature and the image of man : sociological studies of the European drama and novel*, 1600-1900, Boston, Beacon Press, 1957, 242 p.

MAINE DE BIRAN, *Œuvres de Maine de Biran*, accompagnées de notes et d'appendices et publiées par P. Tisserand, t. I-XII ; avec des notices complémentaires de H. Gouhier, t. XIII et XIV, Paris Félix Alcan, et Presses Universitaires de France, 1920-1949.

MALET A., *Personne et amour dans la théologie trinitaire de saint Thomas d'Aquin*, Paris, J. Vrin, 1956, 203 p.

MARCEL G., *Journal métaphysique*, Paris, Gallimard, 1928, XI, 345 p.
Être et avoir, op. cit., cf. bibl. introduction.
Homo viator, Paris, Aubier, 1945, 360 p.
Du refus à l'invocation, Paris, Gallimard, 1940, 327 p.
Le Mystère de l'être, Paris, Aubier, 1951 : I. *Réflexion et mystère*, 239 p. ; II. *Foi et réalité*, 191 p.

MARSHALL H., « Bœthius definition of persona and mediæval understanding of the Roman theater », *Speculum*, Cambridge (Mass.), 25, 1950, p. 471-482.

MAUBLANC R., « Durkheim professeur de philosophie », in « L'œuvre sociologique d'Emile Durkheim », La Chronique des idées, *Europe*, t. XXII, 1930, p. 296-303.

MAUSS M., « Une catégorie de l'esprit humain : la notion de personne, celle de moi », *Journal of the Royal anthropological institute*, 1938, 48, repris dans *Sociologie et anthropologie*, p. 332-362, Paris, Presses Universitaires de France, 1950 (ouvrage posthume), 389 p.

MEYERSON I., *Les fonctions psychologiques et les œuvres*, Paris, J. Vrin, 1948, 223 p.
« Quelques aspects de la personne dans le roman », *Journal de psychologie normale et pathologique*, 1951, 44, p. 303-334.

MICHEL A., « Hypostase », 1re partie du t. VII du *Dictionnaire de théologie catholique* de Vacant et Mangenot.

MURPHY J., « The development of individuality in the ancient civilization », *Mélanges Franz Cumont, Annuaire de l'institut de Philologie et d'Histoire orientales et slaves*, t. IV, 2 vol., Bruxelles, Université libre de Bruxelles, 1936 ; Vol. II, p. 867-883.

NABERT J., *Éléments pour une éthique*, Paris, Presses Universitaires de France, 1943, 240 p.
Essai sur le mal, Paris, Presses Universitaires de France, 1955, 168 p.

NÉDONCELLE M., « Prosopon et persona dans l'antiquité classique », *Revue des sciences religieuses*, 22, 1948, p. 277-299.
« Les variations de Boèce sur la personne », *Revue des sciences religieuses*, 29, 1955, p. 201-230.
La réciprocité des consciences, Paris, Aubier, 1942, 332 p.
De la Fidélité, Paris, Aubier, 1953, 207 p.
Vers une philosophie de l'amour et de la personne, Paris, Aubier, 1957, 273 p.
Conscience et logos, Paris, Éd. de l'Épi, 1961, 240 p.
Personne humaine et nature, éd. augmentée, Paris, Aubier, 1963, 173 p.

NIETZSCHE F., *L'Origine de la tragédie*, Paris, Mercure de France, 1901, 231 p.
Humain trop humain, Paris, Mercure de France, 2 vol., 1899-1902, 498 et 444 p.
La Généalogie de la morale, Paris, Mercure de France, 1900, 288 p.
Aurore, Paris, Mercure de France, 1901, 435 p.
Le Gai savoir, Paris, Mercure de France, 1901, 413 p.
Ecce Homo, Paris, Mercure de France, 1909, 300 p.
La Naissance de la philosophie à l'époque de la tragédie grecque, Paris, Gallimard, 1938, 223 p.
La Volonté de puissance, Paris, Gallimard, 1947-1948, 2 vol., 379 et 399 p.
Par-delà le bien et le mal, Paris, Mercure de France, 1954, 356 p.
Ainsi parlait Zarathoustra, Paris, Mercure de France, 1963, 355 p.

PÉGUY C., *Œuvres complètes*, Paris Éd. de la « Nouvelle Revue française », Gallimard, 1917-1932, 15 vol.

The Personalist, revue fondée en 1920, par R.T. Flewelling, dirigée actuellement par W. H. Werkmeister et publiée par l'Université de Californie.

PRAT L., *La Nouvelle monadologie*, par C. Renouvier et L. Prat, Paris, Armand Colin, 1899, 546 p.
Le Caractère empirique et la personne, Paris, F. Alcan, 1905, 452 p.
La Religion de l'harmonie, Paris, F. Alcan, 1922, 360 p.

RENOUVIER C., *La Nouvelle monadologie*, par C. Renouvier et L. Prat.
Le Personnalisme, Paris, F. Alcan, 1903, VIII, 538 p.

Ribot T., *Les Maladies de la personnalité*, Paris, F. Alcan, 1885, 174 p.

Royce J., *Philosophie du loyalisme*, trad. franç., Aubier, 1946, 256 p.

Scheler M., *Nature et formes de la sympathie*, Paris, Payot, 1928, 384 p.
L'Homme du ressentiment, Paris, Gallimard, 1933, 191 p.
Le Sens de la souffrance, Paris, Aubier, 1938, 183 p.
La Situation de l'homme dans le monde, Paris, Aubier, 1951, 127 p.
Mort et survie, Paris, Aubier, 1952, 143 p.
L'Homme et l'histoire, Paris, Aubier, 1955, 191 p.
Le Formalisme en éthique et l'éthique matériale des valeurs, Paris, Gallimard, 1955, 640 p.

Stirner M., *L'Unique et sa propriété*, Paris, P. V. Stock, 1900, XXII, 449 p.

Stœtzel J., *La Psychologie sociale*, Paris, Flammarion, 1963, 317 p.

Thomas (saint), *De Potentia*, in *Questiones disputatee*, Parisiis, P. Lethielleux, 1883.
Somme théologique, trad. franç., Paris, Tournai-Rome, Desclée.

Vernant J.-P., « Aspects de la personne dans la religion grecque », *Mythe et pensée chez les Grecs, Études de psychologie historique*, Paris, François Maspéro, 1965, 6e étude.

Wahl J., *Études kierkegaardiennes*, Paris, Aubier, 1938, IV, 748 p.
Les Philosophies de l'existence, Paris, A. Colin, 1954, 176 p.

Chapitre II

Aristote, *Métaphysique*, Paris, J. Vrin, 1953, 2 vol., LVIII, 878 p.

Augustin (saint), *Œuvres*, Bruges-Paris, Desclée de Brouwer et Cie, 1re série, *Opuscules* I, 1936, 251 p. ; IV-V, 1939, 468-11 et 417 p. VI, 1941, 540 p. ; 5e série, *La Cité de Dieu*, 1959, 2 vol., 871 et 675 p.

Barthélémy-Madaule M., *Bergson et Teilhard de Chardin*, Paris Éd. du Seuil 1963, 387 p.
La Personne et le drame humain chez Teilhard de Chardin, Paris, Éd. du Seuil, 1967, 332 p.

Belaval Y., *La Pensée de Leibniz*, Paris, Bordas, 1952, 284 p.

Berdiaeff N., *Le Christianisme et la lutte des classes*, Paris, Éd. Demain, 1932, 168 p.
Esprit et liberté, Paris, Éd.. « Je sers », 1933, 381 p.
Esprit et réalité, Paris, Aubier, 1943, 254 p.
Essai de métaphysique eschatologique, Paris, Aubier, 1946, 288 p.
De l'Esclavage et de la liberté de l'homme, Paris, Aubier, 1946, 303 p.
Essai d'autobiographie spirituelle, Paris, Ed. Buchet-Chastel Correä, 1958, 431 p.

Bergson H., *Œuvres*, éd. du Centenaire, Paris, Presses Universitaires de France, 1959, XXXII, 1603 p.

Blondel M., *Une Énigme historique : Le vinculum substantiale d'après Leibniz et l'ébauche d'un réalisme supérieur*, Paris, Beauchesne, 1930, XXIV, 147 p.

Bibliographie des travaux cités et consultés

CHAUCHARD P., *La Maîtrise du comportement*, Paris, Presses Universitaires de France, 1956, 224 p.
La Foi du savant chrétien, Paris, Aubier, Éd. Montaigne, 1957, 207 p.
La Création évolutive, Paris, Ed. Spes, 1957, 189 p.
L'Homme et la physiologie du cerveau, Paris, Éd. du Levain, 1958, 63 p.

GUENOT C., *Pierre Teilhard de Chardin*, Paris, Club des Editeurs, 1958, 474, LIII p.

DHORME E., « Le nom du Dieu d'Israël », *Revue de l'histoire des religions*, janvier-mars 1952, p. 5-18.

ENGELS F., *Ludwig Feuerbach et la fin de la philosophie classique allemande*, Paris, A. Costes, 1952, XX, 267 p.
Dialectique de la nature, Paris, Éd. Sociales, 1952, 368 p.

FESTUGIÈRE A. J., *L'Idéal religieux des grecs et l'Évangile*, Paris, J. Gabalda et Cie, 1932, 340 p.

FOREST A., STEENBERGHEN F. VAN, GANDILLAC M. DE, « *Le Mouvement doctrinal du 9e au 14e siècle* », in *Histoire de l'Église depuis les origines jusqu'à nos jours*, fondée par A. Fliche, et V. Martin, Paris, Bloud et Gay, 1951, 480 p.

GARAUDY R., *La Théorie matérialiste de la connaissance*, Paris, Presses Universitaires de France, 1953, 388 p.
Perspectives de l'homme, Paris, Presses Universitaires de France, 1959, 356 p.

GILSON E., *Saint Thomas d'Aquin*, Paris, J. Gabalda, 1925, 380 p.
Introduction à l'étude de saint Augustin, Paris, J. Vrin, 1929, II, 352 p.
La Philosophie de Saint Bonaventure, 2e éd. revue, Paris, J. Vrin, 1943, 419 p.
L'Esprit de la philosophie médiévale, op. cit., cf. bibl. introduction et chap. I.
La Philosophie au Moyen Age, 2e éd. revue et augmentée, Paris, Payot, 1944, 782 p.
Le Thomisme, introduction à la philosophie de saint Thomas, 5e éd. revue et augmentée, Paris, J. Vrin, 1945, 552 p.
L'Être et l'essence, Paris, J. Vrin, 1948, 331 p.
Jean Duns Scot, introduction à ses positions fondamentales, Paris, J. Vrin, 1952, 701 p.

LABERTHONNIÈRE L., *Le Réalisme chrétien et l'idéalisme grec*, Paris, P. Lethielleux, 1904, 219 p.
Esquisse d'une philosophie personnaliste, Paris, J. Vrin, 1937, X, 390 p., in *Œuvres* de Laberthonnière, publiées par les soins de L. Canet.

LEIBNIZ G. W. VON, *Œuvres philosophiques*, éd. P. Janet, 2e éd. revue et augmentée, Paris, F. Alcan, 1900, 2 vol., XXVIII, 802 p. et 604 p.

LUBAC H. DE, *La Pensée religieuse du Père Pierre Teilhard de Chardin*, Paris, Aubier, 1962, 376 p.

MARX K., *Œuvres philosophiques*, Paris, Éd. Alfred Costes, 9 vol., 1927-1947.

PLATON, *Œuvres complètes*, Paris, Société d'édition « Les Belles Lettres », collection Budé, 1920.

SIMONDON J., *L'Individu et sa genèse physico-biologique, l'individuation à la lumière des notions de forme et d'information*, Paris, Presses Universitaires de France, 1964, 304 p.

TEILHARD DE CHARDIN P., *Œuvres*, Paris, Éd. du Seuil, 9 vol. parus depuis 1955.

Thomas d'Aquin (saint), *Questiones disputatœ*, Parisiis, P. Lethielleux, 1882-1884, 3 vol.
Somme théologique, op. cit., cf. bibl. chap. I.
Contre les gentils, trad. franç., Paris, P. Lethielleux.
Trèsmontant C., *Essai sur la pensée hébraïque*, Paris, les éd. du Cerf, 1953, 173 p.
La Métaphysique du christianisme et la naissance de la philosophie chrétienne, Paris, Éd. du Seuil, 1961, 751 p.
Les Origines de la philosophie chrétienne, Paris, A. Fayard, 1962, 123 p.
Les Idées maîtresses de la métaphysique chrétienne, Paris, Éd. du Seuil, 1962, 159 p.
La Métaphysique du christianisme et la crise du 13e siècle, Paris, Éd. du Seuil, 1964, 395 p.
Verbeke G., *L'Évolution de la doctrine du pneuma du stoïcisme à saint Augustin*, Paris, Desclée de Brouwer, 1945, III, 572 p.
Wahl J., *Traité de métaphysique, op. cit., cf.* bibl. introduction.

Chapitre III

Ajuriaguerra J. de, *Méconnaissances et hallucinations corporelles*, par H. Hecaen et J. de Ajuriaguerra, Paris, Masson et Cie, 1952, VIII, 383 p.
Bastide R., *Sociologie et psychanalyse*, Paris, Presses Universitaires de France, 1950, 292 p.
« Sociologie et psychologie », *Traité de sociologie*, publié sous la direction de G. Gurvitch, Paris, Presses Universitaires de France, t. I, 2e éd., 1962, 1re section, chap. III, p. 65-82,
« Sociologie et Psychanalyse », *Traité de sociologie, ibid*, t. II, 2e éd., 1963, 9e section, chap. VI, p. 402-420.
Berdiaeff N., *L'Esprit de Dostoïevski*, Paris, Delamain et Boutelleau, 1945, 253 p.
Chauchard P., *Les Mécanismes cérébraux de la prise de conscience*, Paris, Masson et Cie, 1956, 240 p.
Le Cerveau humain, Paris, Presses Universitaires de France, 1958, 128 p.
La Maîtrise du comportement, op. cit., cf. bibl. chap. II.
L'Homme et la physiologie du cerveau, op. cit., cf. bibl. chap. II
Dufrenne M., *La Personnalité de base*, Paris, Presses Universitaires de France, 1953, VIII, 347 p.
Durkheim E., *Les Règles de la méthode sociologique*, Paris, F. Alcan, 1895, VIII, 186 p.
Les Formes élémentaires de la vie religieuse, op. cit., bibl., chap. I.
Filloux J. C., *La Personnalité*, Paris, Presses Universitaires de France, 1957, 128 p.
« Le problème de la personnalité », in *Encyclopédie de la psychologie*, t. I, Paris, Fernand Nathan, 1962.
Garaudy R., *La Théorie matérialiste de la connaissance op. cit., cf.* bibl. chap. II.
Gurvitch G., *La Vocation actuelle de la sociologie*, Paris, Presses Universitaires de France, t. I : *Vers la Sociologie différentielle*, 3e éd. 1963, 512 p.

Bibliographie des travaux cités et consultés 149

HECAEN H., et AJURIAGUERRA J. DE, *Méconnaissances et hallucinations corporelles*, cf. Ajuriaguerra J. DE.

HUSSERL E., *Idées directrices pour une phénoménologie*, Paris, Gallimard, 1950, XXXIX, 568 p.
Recherches logiques, Paris, Presses Universitaires de France, t. I : *Prolégomènes à la logique pure*, 1959, XX, 287 p. ; t. II : 1re et 2e parties : *Recherches pour la phénoménologie et la théorie de la connaissance*, 1961-1962, 284 et 379 p. ; t. III : *Éléments d'une élucidation phénoménologique de la connaissance*, 1963, 308 p.

KANT E., *Critique de la raison pure*, Paris, F. Alcan, 1905, XXIV, 676 p.

LAGACHE D., « La signification psychologique des pronoms de la première personne », *Journal de psychologie normale et pathologique*, n° 3-4, avril-juin 1939, p. 267-273.

LEENHARDT M., *Do Kamo : La Personne et le mythe dans le monde mélanésien*, op. cit., cf. bibl. chap. I.

LÉVY-BRUHL L., *L'Ame primitive*, Paris, F. Alcan, 1927, 441 p.

LHERMITTE J., *L'Image de notre corps*, Paris, Éd. de Nouvelle Revue Critique, 1939, 255 p.

MAINE DE BIRAN, *Œuvres*, op. cit., cf., bibl. chap. I.

MALRIEU P., *Les Émotions et la personnalité de l'enfant*, Paris, J. Vrin, 1952, 344 p.

MEAD G. H., *L'Esprit, le soi et la société*, trad. franç., Paris, Presses Universitaires de France, 1963, XII, 332 p.

MERLEAU-PONTY M., *Phénoménologie de la perception*, Paris, Gallimard, 1945, XVI, 533 p.

NÉDONCELLE M., *Conscience et logos*, op. cit., cf. bibl. chap. I.
Personne humaine et nature, op. cit., cf. bibl. chap. I.

PAVLOV I., *Œuvres choisies*, Moscou, Éd. en langues étrangères, 692 p.
Les Réflexes conditionnels, Paris, F. Alcan, 1927, 379 p.
Typologie et pathologie de l'activité nerveuse supérieure, Paris, Presses Universitaires de France, 1955, XVI, 272 p.
Les Réflexes conditionnés, Les classiques de la médecine, Alliance culturelle du livre, Genève-Paris-Bruxelles, Paris, Masson et Cie, 1962, 468 p.

PIAGET J., *Le Jugement moral chez l'enfant*, Paris, F. Alcan, 1932, 478 p.

PICHON E., « La personne et la personnalité vues à la lumière de la pensée idiomatique française », *Revue française de psychanalyse*, t. X, n° 3, 1938, p. 447-459.

RUYER R., *Esquisse d'une philosophie de la structure*, Paris, F. Alcan, 1930, 372 p.
La Conscience et le corps, Paris, F. Alcan, 1937, 144 p.
Éléments de psycho-biologie, Paris, Presses Universitaires de France, 1946, 296 p.
Néo-finalisme, Paris, Presses Universitaires de France, 1952, 272 p.
La Genèse des formes vivantes, Paris, Flammarion, 1958, 267 p.

SARTRE J.-P., « La Transcendance de l'ego », *Recherches philosophiques*, VI, 1936-1937, p. 85-123 ; texte publié une seconde fois en 1965 dans la collection « Bibliothèque des textes philosophiques », Paris, J. Vrin, 125 p.

Tran-Duc-Thao, *Phénoménologie et matérialisme dialectique*, Paris, Ed. Minh-Tan 1951, 368 p.
« Le mouvement de l'indication comme forme originaire de la conscience », *La Pensée*, août 1966, p. 3-24.

Wallon H., *De l'Acte à la pensée*, Paris, Flammarion, 1942, 254 p.
Les Origines du caractère chez l'enfant, Paris, Presses Universitaires de France, 1949, XI, 235 p.

Weill R., « Problèmes d'unité et d'identité en biologie : l'individu, l'individualité, la personnalité », *Les Etudes philosophiques*, n° 1, janvier-mars 1966, p. 17-27.

Zazzo R., *Les Jumeaux, le couple et la personne*, Paris, Presses Universitaires de France, 1960, 2 vol., VI, 742p.
Conduites et conscience, Neuchâtel, Paris, Delachaux et Niestlé, 1962, 317 p.

Chapitre IV

Adler A., *Connaissance de l'homme*, trad. franç., Paris, Payot, 1949, 191 p.
Le Sens de la vie, trad. franç., Paris, Payot, 1950, 207 p.
Le tempérament nerveux, trad. franç., Paris, Payot, nouvelle éd. 1955, 378 p.

Bartoli H., *La Doctrine économique et sociale de Karl Marx*, Paris, Ed. du Seuil, 1950, 415 p.

Baruk H., *Psychiatrie morale, expérimentale, individuelle et sociale*, Paris, Presses Universitaires de France, 2ᵉ éd., 1950, XXXVI, 299 p.
La Désorganisation de la personnalité, Paris, Presses Universitaires de France, 1952, 163 p.

Berdiaeff N., *Le Sens de l'histoire*, Paris, Aubier, 1948, 224 p.
Cinq méditations sur l'existence, Paris, Aubier, 1936, 209 p.
Essai de métaphysique eschatologique, op. cit., cf. bibl. chap. II.

Brehier E., *Transformation de la philosophie française*, Paris, Flammarion, 1950, 254 p.

Caruso I., *Psychanalyse pour la personne*, Paris, Ed. du Seuil, 1962, 190 p.

David A., *Structure de la personne humaine, limite actuelle entre la personne et la chose*, Paris, Presses Universitaires de France, 1955, 143 p.

Dessoir M., « Types caractérologiques », *Journal de psychologie normale et pathologique*, n° 1-2, 1935, p. 100-108.

Dupreel E., *Esquisse d'une philosophie des valeurs*, Paris, F. Alcan, 1939, VIII, 306 p.

Freud S., *Introduction à la psychanalyse*, Paris, Payot, 1922, 484 p.
La Psychopathologie de la vie quotidienne, Paris, Payot, 1922, 327 p.
Cinq leçons sur la psychanalyse, Paris, Payot, 1923, 114 p.
Essais de psychanalyse, Paris, Payot, 1927, 320 p.

Gobry I., *La Personne*, Paris, Presses Universitaires de France, 1961, 131 p.

Greef E. de, *Notre destinée et nos instincts*, Paris, Plon, 1945, 245 p.
Les Instincts de défense et de sympathie, Paris, Presses Universitaires de France, 1947, 236 p.
Aux Sources de l'humain, Paris, Plon, 1949, XXIII, 242 p.

Bibliographie des travaux cités et consultés

GUARDINI R., *Le Monde et la Personne*, Paris, Éd. du Seuil, 1959, 224 p.

GUSDORF G., *La Découverte de soi*, Paris, Presses Universitaires de France, 1948, VIII, 515 p.
Traité de l'existence morale, Paris, A. Colin, 1949, 416 p.
Mémoire et personne, Paris, Presses Universitaires de France, 1950, 2 vol., 563 p.

HEGEL G. W., *La Phénoménologie de l'esprit*, Paris, Aubier, t. I, 1939, VII, 359 p.; t. II, 1941, 360 p.

HESNARD A., *L'Univers morbide de la faute*, Paris, Presses Universitaires de France, 1949, XII, 470 p.
« Évolution de la notion de surmoi dans la théorie de la psychanalyse », *Revue française de Psychanalyse*, XV, n° 2, avril-juin 1951, p. 185-194.

HYPPOLITE J., *Genèse et structure de la « Phénoménologie de l'esprit » de Hegel*, Paris, Aubier, Éd. Montaigne, 1956, 2 vol., 592 p.
Études sur Marx et Hegel, Paris, Marcel Rivière, 1955, 207 p.

JANKÉLÉVITCH V., *Traité des Vertus*, Paris, Éd. Bordas, 1949, 807 p.

KANT E., *Critique de la raison pratique*, op. cit., cf. bibl. chap. I.
Fondements de la métaphysique des mœurs, op. cit., cf. bibl. chap. I.

LAVELLE L., *Traité des valeurs*, Paris, Presses Universitaires de France, t. I, 1951, XV, 752.; t. II, 1955, VIII, 560 p.
De l'Acte, op. cit., cf. bibl. chap. I.

LEFÈBVRE H., *Le Matérialisme dialectique*, Paris, Presses Universitaires de France, 5ᵉ éd. 1962, 156 p.
Marx, sa vie, son œuvre avec un exposé de sa philosophie, Paris, Presses Universitaires de France, 1964, 132 p.

LEMARIE O., *Essai sur la personne*, Paris, F. Alcan, 1936, 126 p.

MARC A., « Le temps et la personne », *Recherches philosophiques*, IV, 1934-1935, p. 127-149.

MARX K., *Œuvres philosophiques*, op. cit., cf. bibl. chap. II.
Le Capital, Paris, Éd. Sociales, 1949-1960, 8 vol.

ODIER C., *Les Deux sources, consciente et inconsciente, de la vie morale*, Neuchâtel, Éd. de la Baconnière, 1943, 262 p.

PIAGET J., *Le jugement moral chez l'enfant*, op. cit., cf. bibl. chap. III.

POLIN R., *La Création des valeurs*, Paris, Presses Universitaires de France, 1944, 307 p.
La Compréhension des valeurs, Paris, Presses Universitaires de France, 1945, 139 p.

PUCELLE J., *Le Temps*, Paris, Presses Universitaires de France, 1955, 111 p.
Études sur la valeur, Lyon, Emmanuel Vitte, t. I, *La Source des valeurs*, 1957, XIV, 206 p.; t. II, *Le Règne des fins*, 1959, 459 p.

RUYER R., *Le Monde des valeurs*, Paris, Aubier, 1948, 157 p.
Philosophie de la valeur, Paris, A. Colin, 1952, 216 p.

SARTRE J.-P., *L'Être et le néant*, Paris, Gallimard, 1943, 725 p.
L'Existentialisme est un humanisme, Paris, Nagel, 1946, 144 p.

SCHELER M., *Nature et forme de la sympathie*, op. cit., cf. bibl. chap. I.
Le Formalisme en éthique et l'éthique matériale des valeurs, op. cit., cf. bibl. chap. I.

WAHL J., *Existence humaine et transcendance*, Neuchâtel, Éd. de la Baconnière, 1944, 160 p.

Chapitre V

« Autour de la personne humaine », *Archives de philosophie*, vol. XIV, cahier II, 1938, 183 p.

BAUDOIN C., *Découverte de la personne*, op. cit., cf. bibl. chap. I.

BERDIAEFF N., *De la destination de l'homme, essai d'éthique paradoxale*, Paris, Éd. « Je sers », 1935, 384 p.
De l'Esclavage et de la liberté de l'homme, op. cit., cf. bibl. chap. II.
Cinq méditations sur l'existence, op. cit., cf. bibl. chap. IV.

BLONDEL M., « Les équivoques du "personnalisme" », *Politique*, mars 1934, p. 193-205.

CONILH J., *Emmanuel Mounier, sa vie, son œuvre avec un exposé de sa philosophie*, Paris, Presses Universitaires de France, 1966, 119 p.

DELMAS J., *Personne et individu, personnalité et individualité*, Montpellier, Imprimerie de la Charité, 1946, 38 p.

GARRIGOU-LAGRANGE R., *Le Sens commun, la philosophie de l'être et les formules dogmatiques*, Paris, Gabriel Beauchesne et Cie, 1909, XXX, 311 p.

GILLET M. S., *Culture latine et ordre social*, Paris, Flammarion, 1935, 285 p.

GUISSARD L., *Emmanuel Mounier*, Paris, Éd. Universitaires, 1962, 128 p.

HEIDEGGER M., *L'Être et le temps*, trad. franç., Paris, Gallimard, 1964, 327 p.

LAHBABI M. A., *De l'Être à la personne, Essai de personnalisme réaliste*, Paris, Presses Universitaires de France, 1954, XII, 364 p.

MARCEL G., « Remarques sur les notions d'acte et de personne », *Recherches philosophiques*, IV, 1, 1934-1935, p. 150-164, repris dans *Du Refus à l'Invocation*, op. cit., bibl., chap. I.

MARITAIN J., *Trois réformateurs*, Paris, Plon-Nourrit et Cie 1925, 293 p.
Primauté du spirituel, Paris, Plon-Nourrit et Cie, 1927, 317 p.
Distinguer pour unir ou les degrés du savoir, Paris, Desclée de Brouwer, 1932, XVII, 919 p.
Du Régime temporel et de la liberté, Paris, Desclée de Brouwer, 1933, X, 271 p.
Humanisme intégral, Paris, Aubier, 1936, 334 p.
La Personne et le bien commun, Paris, Desclée de Brouwer, 1947, 95 p.

MOIX C., *La Pensée d'Emmanuel Mounier*, Paris, Éd. du Seuil, 1960, 348 p.

PEILLAUBE E., *Caractère et personnalité*, Paris, Éd. Téqui, 1935, VIII, 224 p.

ROUGEMONT D. DE, *Politique de la personne*, Paris, Éd. « Je sers », 1934, 255 p.

Semaine Sociale de France, Clermont-Ferrand, 19ᵉ session, 1937, *La Personne humaine en péril*, Paris, J. Gabalda, Lyon, E. Vitte et Chronique sociale de France, 1938, 568 p.

SIMON P. H., *Destin de la personne*, Paris, Bloud et Gay, 1935, 182 p.

THOMAS (saint), op. cit., cf. bibl. chap. II.

ZAZZA N., *Étude critique de la notion d'engagement chez Emmanuel Mounier*, Genève, E. Droz, 1955, 107 p.

Chapitre VI

Chu J. Y., *Community organization, a process of social control*, Vanderbilt University, 1933, 18 p.

Dupuy M., *La Philosophie de Max Scheler*, Paris, Presses Universitaires de France, 2 vol., 1959, 756 p.

Gurvitch G., *La Vocation actuelle de la sociologie*, op. cit., cf. bibl. chap. III.
Traité de sociologie, t. I, 2ᵉ section : « Problèmes de sociologie générale », Paris, Presses Universitaires de France, 2ᵉ éd., 1962, p. 153-251.

Mac Iver R. M., *Community, a sociological study*, London, Macmillan, 1917, XV, 437 p.
Society, a textbook of sociology, New York, Rinchart, 1937, 486 p.

Maisonneuve J., *Psychologie sociale*, Paris, Presses Universitaires de France, 1951, nouvelle éd., 1964, 128 p.
« Réflexions sur le collectif et l'interpersonnel » *Cahiers internationaux de Sociologie*, vol. X, 1951, p. 94-116.

Maritain J., *Du Régime temporel et de la liberté*, op. cit., cf. bibl. chap. V.
La Personne et le bien commun, op. cit., cf. bibl. chap. V.

Perroux F., *Communauté*, Paris, Presses Universitaires de France, 1942, XI, 180 p.

Semaine Sociale de France, 47ᵉ Session, Grenoble, 1960 ; *Socialisation et personne humaine*, Lyon, Chronique sociale de France, 1961, 434 p.

Scheler M., *Nature et formes de la sympathie*, op. cit., cf. bibl. chap. I.
Le Formalisme en éthique et l'éthique matériale des valeurs, op. cit., cf. bibl. chap. I.

Sorokin P., *Society, culture and personality*, New York, Harper and Brothers, 1947, XIV, 742 p.

Thomas (saint), *Contra impugnantes Dei cultum et religionem*, Opuscula, vol. IV, Parisiis, P. Lethielleux, 1927.

Tönnies F., *Communauté et société*, trad. franç., Paris, Presses Universitaires de France, 1944, XXXI, 248 p.

Wilson L., « Sociologie des groupements », in *La Sociologie au 20ᵉ siècle*, ouvrage collectif publié sous la direction de G. Gurvitch, vol. I, éd. française Paris, Presses Universitaires de France, 1947, p. 141-173.

Index des personnes citées*

* On ne s'étonnera pas de ne recontrer ici ni le nom de Mounier ni ceux de Lacroix, Landsberg, Madinier et Ricœur : ils sont un peu partout.

Adler A., 82-84.
Ajuriaguerra J. de, 61.
Alpport G., 24.
Aristote, 2, 37, 39, 46, 68.
Augustin (saint), 3, 25, 30, 39, 75.
Bakounine M., 35.
Barthélemy-Madaule M., 34, 38.
Bartoli H., 93.
Baruk H., 82.
Bastide G., 22, 27.
Bastide R., 58.
Baudoin C., 21, 109, 111.
Bayet A., 14.
Belaval Y., 46.
Berdiaeff N., 8, 31, 32, 42, 43, 75, 76, 92, 109.
Bergson H., 43, 106, 108.
Bernard (saint), 2.
Biran (Maine de), 19, 20, 63, 80, 136.
Blondel M., 5, 46.
Boèce, 15, 96, 136.
Bonaventure (saint), 30.
Bouglé C., 11.
Bréhier E., 100.
Brunschvicg L., 20.
Buber M., 27.
Calvin, 2.
Caruso I., 81.
Chastaing M., 28.
Chauchard P., 38, 47, 61-63.
Chu J.-Y., 134.
Cicéron, 13.
Colin R., 47.
Cuénot C., 52.
Damien P. (saint), 2.
Delaye P., 112.
Delos P., 112.
Descartes R., 1, 2, 18, 19, 45.
Descoqs D., 115-117.
Dessoir M., 84.
Dhorme E., 32.
Dieterlen G., 23.
Domenach J.-M., 35, 36, 89.
Dostoïevski F., 76.
Dufrenne M., 44, 57.
Duns Scot J., 30.

Dupuy M., 134.
Durkheim E., 11, 23, 57, 59, 60.
Engels F., 48, 49.
Festugière A.-J., 41.
Feuerbach L., 48.
Filloux J.-C., 78.
Freud S., 68, 80-82.
Garaudy R., 35, 48, 70.
Garrigou-Lagrange R., 112, 113.
Gillet M., 212.
Gilson E., 3, 4, 16, 31, 117.
Girard A., 25.
Godefroy F., 28.
Gœthe W., 21.
Gouhier H., 29.
Graz L., 40.
Griaule M., 23.
Guitton M., 27.
Gurvitch G., 58, 124, 128-132.
Hadot P., 28.
Hécaen H., 61.
Hegel G.-W., 2, 76, 88, 91, 92, 93.
Heidegger M., 107.
Hyppolite J., 91-92.
Husserl E., 67, 72, 86.
Jacobi F., 21.
Justin (saint), 2.
Kant E., 21, 24, 26, 45, 47, 67, 87, 88.
Kardiner A., 57.
Kierkegaard S., 26, 29, 100.
Kropotkine P., 35.
Laberthonière L., 1.
Lachièze-Rey P., 18, 22.
Lagache D., 65- 66.
Lahbabi M.-A., 109.
Lavelle L., 22, 100.
Leenhardt M., 18, 23, 60.
Leibniz G.W. von, 46.
Lefèbvre H., 89, 90.
Léon XIII, 4, 5.
Lestavel J., 10.
Le Senne R., 22.
Lévy-Bruhl L., 57.
Lhermitte J., 61.
Linton R., 57.
Locke J., 24.

Index des personnes citées

Lowenthal L., 25.
Lubac H. de, 45.
Lukacs G., 91.
Luther, 12.
Mac Iver R.-M., 123-124.
Maisonneuve J., 130, 131.
Malet A., 15, 16, 20.
Malrieu P., 79.
Marc-Aurèle, 25.
Marcel G., 1, 27, 59, 90, 107, 108, 116.
Maritain J., 29, 112-117, 120.
Marx K., 6, 29, 48, 73, 88-94.
Maublanc R., 29.
Mauss M., 12, 22.
Mead G.-H., 78.
Merleau-Ponty M., 59.
Meyerson J., 25, 26.
Montaigne M., 25.
Murphy J., 11.
Nabert J., 22.
Nédoncelle M., 10, 13, 14, 27, 75.
Nietzsche F., 26.
Odier C., 81.
Pascal B., 3, 25, 74.
Paul (saint), 2, 41, 42.
Pavlov I., 56, 61, 62.
Péguy C., 29.
Peillaube E., 112.
Perroux F., 124-126, 132.
Piaget J., 78, 81.
Pichon E., 65, 66.
Plaquevent R., 26.
Platon, 2, 35, 37, 39, 92.
Prat J., 53.

Prat L., 22.
Proudhon P.-J., 29, 35.
Pucelle J., 85.
Renard A., 10.
Renouvier C., 21, 22, 24, 26.
Ribot T., 24.
Rougemont D. de, 110, 111.
Rousseau J.-J., 25, 57, 97.
Ruyer R., 54.
Saint-Victor R. de, 15.
Sartre J.-P., 44, 66, 67, 86.
Scheler M., 27, 86, 88, 97, 123.
Schull P.-M., 4.
Solages B. de, 112.
Sorokin P., 123-124.
Spinoza B., 2, 50, 76.
Stern W., 22.
Stirner M., 26.
Stœtzel J., 24.
Teilhard de Chardin P., 32-37, 45, 107.
Thao T.-D., 71-74.
Thomas (saint), 3, 15, 16, 19, 30-32, 37-39, 46-48, 112-117, 120.
Tönnies F., 120-124, 129.
Tresmontant C., 40, 53.
Valéry P., 98.
Verbeke G., 53.
Vernant J.-P., 12.
Wahl J., 6, 38, 100, 137.
Wallon H., 58, 63, 79.
Weill R., 78.
Wilson L., 134.
Zazzo R., 59, 64, 66.

Table des matières

Introduction		1
Chapitre I	La personne : définitions et histoire du mot	11
	1. L'idée et le mot	11
	2. La personne dans le christianisme traditionnel	14
	3. Personne et pensée moderne	17
Chapitre II	Fondements de l'anthropologie personnaliste	30
	1. Métaphysique de l'être ou métaphysique de la création	30
	2. Matière et esprit : l'union de l'âme et du corps et l'individuation	38
Chapitre III	Individu et conscience de soi	54
	1. Les facteurs constitutifs de l'individualité	54
	2. Conscience de soi et réflexion	67
Chapitre IV	De l'individu à la personne	80
	1. L'individu comme sujet	80
	2. L'individu comme être objectivé	89
	3. Personne et vocation	95
Chapitre V	Nature et origine de l'opposition entre l'individu et la personne	104
	1. La distinction individu-personne chez Mounier	104
	2. Origine et signification de l'opposition individu-personne	109
Chapitre VI	Personne, société et communauté	120
	1. Origine de la distinction société-communauté	121
	2. Communauté, groupement réel	124
	3. Communauté, forme de sociabilité	127
	4. Personne et humanité	131
Conclusion		136
Bibliographie		140
Index des personnes citées		154
Table des matières		156

IMPRIMERIE LUSSAUD - 388
85 - Fontenay-le-Comte

Dépôt légal 1ᵉʳ trimestre 1972
Imprimeur n° 1254